逆齡熟女的幸福之路

：獻給渴望活出幸福的每一位女人

作者◆吉兒

推薦序 1

馬紹（吉兒的老公）

老婆　妳出書了

有點猛（哈）

本書能讓讀者感受到吉兒要給您傳達的幸福

每個人在生命當中都在寫下自己的故事

筆該怎麼拿　筆要怎麼寫

寫什麼內容　想留下什麼

都由自己決定

吉兒寫下了走在愛與感恩的道路上

很開心且幸運的

我們是攜手走在同一個方向

吉兒是我老婆

我們的相處　出發點永遠是愛

我們有默契的了解彼此

就這麼簡單、幸福

你的出發點是什麼能量

終點就會是什麼能量

當你在付出愛的同時

你自己也已經得到愛了

謝謝老婆給我一個潔淨溫暖的家

謝謝老婆為我準備的食物

謝謝老婆總是提醒忘東忘西的我

謝謝老婆包容我的缺點

謝謝老婆時時刻刻為我著想

謝謝老婆這麼愛我

謝謝我老婆選擇了我

謝謝老婆此生被我見到（哈）

黃佳興（佳興成長營創辦人）

大家好　我是佳興

本書非常特別

描述一個女人在三個不同的階段

為愛而痴狂　投入　付出

參與在其中的種種甜蜜　幸福　打擊　挫折

大部份的女人一輩子會經歷過的

都描述在這本書籍裡面

我覺得更棒的事情是　勇敢

吉兒是一個非常勇敢的女性

勇敢的去創造自己渴望的愛

愛是一切的答案

而愛自己是一切的根本

有太多的女人在追求愛的過程當中

迷失了自己

但吉兒用她的生命故事告訴我們

在每一個階段

都必須要以愛自己　為最原始的出發點

因為愛　吉兒她開始讓自己更健康

因為我們只有讓自己成為一個更好的女人

我們才會有更棒的另一半　出現在我們的生命裡面

有時候愛是一種強大的驅動力

因為有滿滿的愛

所以我們渴望身材變得更好

我們渴望為對方培養各種才藝

我們渴望相處的時候

可以無限的幸福

愛這股力量實在是太強大了

所以我大力的推薦

每一個女人都應該要看過這本書

你會更了解愛的真諦

你會更了解在愛的世界裡

不能夠迷失了自己

你會更了解

如何用愛的力量來推動自己

擁有更美麗的靈魂

所以吉兒實在是了不起

不僅為愛而年輕

而且為愛而勇敢

也是一份大愛

所以吉兒發行了這本書籍

把自己的生命歷練　故事　過程

一字一句描述了出來

所以其實在看這本書的時候

會有一種欲罷不能的感覺

你會從書籍裡面看到曾經的自己

你會從書籍裡面去感受到

這一股勇敢的力量

在每一篇章節裡面你會感受到這個愛

接下來我們的生命裡面

如何也用愛的力量來推動自己

而成為一個更好的人

所以在這個地方

我要大力的推薦　為愛年輕的吉兒　寫的這本書

值得讓全世界的每一位女性朋友可以看得到

可以細細的品味

也期待在這個世界上

讓更多的人活在愛的世界裡

更多的家庭幸福的不得了

當我們可以成為一位一百分的女人

那也一定會有一位最棒的男人

守候在你的身邊

黃佳興（佳興成長營創辦人）

推薦序 3

NAC 李欣老師（佳興成長營核心講師／核心顧問）

在課程中認識了吉兒，知道了有一種愛情叫做「吉兒與馬紹」。

兩人年齡相差十七歲，實在讓人好奇又佩服！

對吉兒的第一印象就感覺她的生命歷程應該很不簡單，能夠讓她先生這麼愛她，並且跳脫一般人的價值觀！

男生小她這麼多歲，還這麼地深愛著她，我想她的生命中，一定有著許多的故事。

當下我就鼓勵吉兒一定要拿起麥克風，分享她的生命故事。

我想：只要她拿起麥克風，說出自己的生命故事，一定可以幫助更多人，影響更多人！

因此，吉兒總是說，我是推動她往前走，給她勇氣與鼓勵的關鍵人物之一。

不管是過去、現在或是未來，我都非常樂於扮演這樣的角色，因為我明白，要跳出舒適圈，是需要一股力量來陪伴與支持。而我也看見自己的特質，所以經常鼓勵他人、陪伴他人、支持他人，當我看見吉兒拿起麥克風勇敢地分享著，影響了很多人，並且讓許多

人都發出了讚嘆聲！

我便覺得吉兒做得太對了！一定要用力地為她鼓掌喝采！

而吉兒也讓我知道，李欣老師在人生的旅途中，又做對了一件好事！Yes！太棒了！

每個人都有著精彩的生命故事，即使用心的過好每一天，在生命的旅程中，必定會遇見高峰和低谷，比起怨嘆「為何遇見不容易」，更重要的是「如何走過每一個不容易」。

誠如德國哲學家尼采所言：「當一個人知道自己生命之為何，就可以忍受生活的任何。」

許多的人在低谷時，會自怨自艾、自我貶低，會不自覺地用錯誤的，甚至是毀滅式的自我對話來傷害自己，這可以說是一種思想上的自殘！很危險呀！

真的有很多人「不懂得，愛自己」！你知道如何真正的愛自己嗎？

我在吉兒的生命故事中，發現了她是如何珍惜自己、愛護自己。

她是一個很善良、很真心的人，在每一次的相處中，總是可以感受到她溫柔的外表下，內心是如此的堅毅，她的生命力是多麼地旺盛！

在全方位成功講師班的課室裡，她告訴我「她是為愛年輕的吉

兒！」

這就是她一生的演講稿！

她要帶著強大的使命感，要喚醒人們愛的力量，幫助許多人重新啟動「為愛而年輕」的生活哲學！

幫助人們不僅是外表的年輕，更是思想觀念的年輕。

因為當我們有新思維、新做法、新的價值觀時，新的命運也隨之誕生。

在她的生命故事當中，讓我們發現到，我們要給自己「更新的力量」！

成就創新的生命，活出全新的面貌，這就是我所認識的吉兒！

在人與人的相處關係中，不僅是要互相欣賞、互相鼓勵，最重要的還是要彼此尊重。

彼此的尊重，必須要有一個界限。不論是夫妻間或是親子間，在我過去一對一諮詢時，我發現到許多人因為「沒有一個安全健康的界限」造成關係的緊張甚至傷痕累累。

不論是愛與不愛之間、日常夫妻相處之間、親子溝通之間，當要對他人付出或者是關懷時，首先都必須學會「愛自己」！

當你能夠好好地鼓勵自己、肯定自己、欣賞自己的時候，在與他人相處時，就自然有尊重、欣賞以及最重要的包容。

在聖經裡提到，「你要保守你的心勝過保守一切，因為一生果效由心發出」。

這裡所說的心就是心思意念，所以我們要去思考的是快樂的事情，而不是傷心的事情，我們要去思考人類真善的一面，而不是低賤的一面。思想已經臨到你的祝福，思想生活中的一切美善。我們的一生中不見得都會順遂，但每一個遇見的痛苦，可能都是化了妝的祝福，每一個低谷都是讓我們生命強大的滋養。

當吉兒分享到她第一段及第二段的婚姻，可能都是獨自一個人在深夜裡，伴隨著淚水直到天明，而在這個世界上，或許有許多的女性也有著相同的經歷⋯

透過吉兒的分享，我相信她的生命故事，可以幫助許多姊妹開始重新省思自己，是否能在對的時間點，遇見對的人，用對的方式與對的人相處，而產生對的結果。

所有的愛情都是需要經營的，婚姻是，親密關係也是！

人們一生中，必須要經營好的三大關係，就是跟自己、跟家人、跟世界的關係。當我們能開始欣賞、接納、包容自己，同樣就能愛屋及烏，把愛分享給周圍更多的人。

在我們學習的過程中，最重要就是欣賞、接納、包容自己。

在這裡我大力推薦　為愛年輕的吉兒　寫的這本書。

我要分享給所有的姊妹們，希望您能好好用心品味每一字、每一句，在這當中您會發現到，生命過程就是不斷地「欣賞、接納、鼓勵」，接納優點、接納缺點、接納盲點、接納獨特點。

每一個人都要好好地接納，當我們全然地接納了自己，也就可以好好地接納他人。

我是李欣老師，鼓勵大家來品味這本書，相信吉兒的生命故事一定可以幫助更多的人。

推薦序 4

王淑芬（大學兼任講師及專科社工師）

2月24日接到吉兒傳來的訊息，請我幫她的著書寫序。吉兒與我都不是專業作家，要能寫一本書，著實不易。當下驚喜萬分，立馬回她四個字「義不容辭」。同窗14載，情深如姊妹，豈有拒絕的理由，儘管筆拙，也定當將我對吉兒從小到大相知相惜的了解如實表述。

吉兒一直都是一個善良、貼心的女子，她總是把舞台留給他人，默默的打點一切，並開心地為舞台上的人鼓掌，從不居功，生活低調、自在，盡心盡力做好每件她該做與不該做的事。我常想如此賢良女子，應當有好的歸宿、好的回報。然而，是老天不長眼嗎？年輕時期的吉兒過得並不順遂。猶記得在我們三十出頭歲的某一年，吉兒來台北參展一週借宿我家，難得能跟吉兒再次重溫姊妹情，好不開懷，但是幾個談心的夜晚，卻是兩個姊妹抱在一起哭乾了眼淚。我實在無法相信當年這對同年同月同日生的金童玉女，竟過著如此悲淒的婚姻生活，我也怪著老天爺，為何如此對待善良的吉兒！

吉兒的堅強超乎我的想像，殊不知越艱困複雜的生活，越像是一種逆緣的加持，讓經得起磨練的小草吉兒，蛻變為一棵茁壯的大樹。在歷經兩段無法維持的婚姻之後，傻女孩終於清醒懂得愛自己，終於活出了精彩的人生。吉兒轉換跑道加入保險經紀人公司，因著她認真負責的個性，不只是我，許多好朋友都主動請她重新檢視家庭保單，開展了吉兒職涯的第二春。好運更是接踵而來，原本是女兒的網友，因日久生情，也因了解而結合，終於突破世俗的眼光，不囿於 17 歲的差距而結成佳偶，我衷心為吉兒喝采！

　　「健康生活」是本書的另一個重點，誠如吉兒書中提及「幸福比成功更重要，健康又比幸福重要」，我有著深深感悟。108 年以前我的人生恰恰和吉兒相反，一路順遂，有著令人稱羨的工作和家庭，每年旅遊，跑遍三十多個國家。就在一切都如此完美的 53 歲生日那天，我被醫生宣告罹患肺腺癌第四期。震驚中經歷了無數次的化、放療、標靶、免疫治療，癌細胞依然不斷轉移。或許物以類聚，我和吉兒同樣有著堅強及樂觀的性格，所以我依然活著，但是，即使在我罹癌後仍然很難做到像她一樣對維護健康及運動的執著。我無法想像每日規律生活、每天至少花 30 分鐘運動、假日爬山、飲食均衡，這些有益健康的食衣住行，究竟需要何等的毅力方能不間斷的貫徹執行？吉兒，一個小小女子做到了，在她內心有著強大的意志力，以至於不論身材、肌膚、臉蛋看上去總有著少女的

仙氣，自嘆弗如！

　　這不是一本曠世巨著，但絕對是嘔心瀝血真實的生命故事，邀請您一同細細品味，也祝福吉兒人生的下半場更多采多姿！

王淑芬（大學兼任講師及專科社工師）

Frank Ho 何方亮 （天智貿易公司負責人）

　　認識本書作者吉兒，已經超過三十年了，從她未婚到結婚生子，離婚、再婚，再離、又再婚，（此時我覺得用「昏」字來形容可能還比較貼切！）而每一次的改變，都讓周遭的親友們詫異不已！不光是對於她的婚姻生活，還包括她的職業生涯。

　　我只能說：她真的是一個現代奇女子！（或者說是鐵打的女金剛也不為過！）她的個性特立、果斷而又勇敢向前行，似乎所有的困難與障礙，都無法阻擋她勇敢向前行的腳步一些些……

　　歸根究柢，她的故事或許能用以下的幾個數目跟文字來做總結，也就是：「024680 →吉兒魂→觀自在」至於這其中的含意和奧妙，就有待看倌們自行細細體會了……

推薦序 6

鄧芝菁（吉兒潭子國中導師）

淑泠（我還是習慣這樣稱呼她）是我第一屆完整帶畢業的學生，印象最為深刻，我看著她們從小女生變成叛逆青少年（其實是很乖巧的一班），她們也參與了我的人生，從剛畢業的率真女孩，到結婚生子，變成為人妻、為人母，進入複雜的婚姻生活，我們一起成長。

國中時的淑泠是個纖細的文靜女孩，不像一般小女生那樣嘰嘰呱呱講個不停，她擔任學藝股長，總是盡責地做她該做的事。那個時期的她，有先天性支氣管炎的毛病，氣喘發作時，夜裡無法躺著睡覺，得要起來坐著睡才比較舒服，這對當年升學班的她是一種考驗。身為導師的我知道她這情況，特別送了「劉俠杏林子」這本書鼓勵她，她也因此特別記得我這位和她們班年紀僅相差一輪的導師。

畢業後，大家各奔東西，再見面時，已是不同光景，每個女孩都有自己的故事。其中尤以淑泠讓我最為訝異，猶記多年後的一個晌午，坐在潭子風尚，聽著依舊文靜纖細的她，款款訴說與前夫的種種不堪，與現任美籍丈夫的相互陪伴，讓我陣陣心酸；當再次碰面

時，她細訴了另一段愛情故事，讓我掀起一陣澎湃與些許擔憂。與她又一陣子沒見面，沒想到這次帶給我更大的震撼與驚喜，她要將跌宕起伏的人生故事，寫出來與大家一起分享，真棒！也真勇敢！

淑泠就是個勇敢的女人，標準的外柔內剛典型，面對變幻不定的人生，雖受傷但依舊勇敢接受；面對競爭激烈的職場，雖中年但仍然勇敢變換跑道，她的人生故事真是多采多姿！但也波濤洶湧，令人敬佩，但也讓人心跳三百。且讓我們來閱讀她的前半生，一起學習誠實面對自己，善待自己，同時也創造出每一個待續的故事吧！

一個帶來正能量的平凡女子感人啟發

1766 網路廣播電台 幸福能量補給站主持人 車姵諮

　　本身是電台主持人，資深媒體人，也是許多文化專案的召集人，我長期在地方上結合有理想有抱負的青年，透過講座以及出版分享等形式，希望將有正能量的故事傳播給廣大社會，為人間帶來更美好的氛圍。很高興有這樣的機緣認識了吉兒老師，她的故事就是我最推薦的，能為社會帶來正能量的故事。

　　我認為的正能量，傳遞者本身不一定要是甚麼大企業家、大實業家，或知名學者，即便是出身平凡的小人物，只要願意改變自己，讓自己突破舊有的窠臼，在不同的領域創造出可以激勵人的成績，我都非常鼓勵這樣的事蹟，可以傳達出去。

　　吉兒老師真的非常特別，她個性優雅文靜，年過五十的她，沒有亮麗的頭銜，也並非甚麼專業技術達人。但當有機會和她聊天，才知曉她背後有那麼多感人的故事。在本書我們可以看到，吉兒老師最讓讀者訝異的經歷，就是她擁有三段截然不同，但都非常特別的婚姻，第一任丈夫是同年同月同日生，第二任丈夫是大她 19 歲的美國人，現任丈夫則是小她 17 歲的賽德克族人。真正深入和吉兒老師交流，就會發現，故事的情節雖然很特別，可是真正感動人

心的還是她的內心思維，吉兒老師為何會有這三段婚姻？她的心路歷程，以及她如何度過這之間不同的考驗？

　　就如同吉兒老師自己書上說的，她以「野人獻曝」的心境，撰寫這本書，也許她只是個名不見經傳的小人物，但她分享的人生智慧，卻跟每個人特別是女人息息相關。因為她的三段感情經歷，也讓她有著對感情對婚姻乃至於對所有人際關係的真摯的省思。對於不論是已婚或未婚的女子，都會有相當的啟發。

　　我本身原本不認識吉兒老師，因緣際會之下和她交流後，就覺得她真的是一個個性美善，可以帶給人心溫暖的人。就如同她的這本書，相信讀者閱讀後，也一定可以感受到她的愛與關懷。

　　吉兒老師為愛而年輕，為愛而健康，為愛而堅強，也希望讀者們感受到她的這份愛，得到一份正能量。

高雄市政府　市政顧問　呂嘉雄

在這個世間每個人，都有不同的功課要修，而這個功課似乎大家都在修別人，卻忘了修自己，都是為了別人而活，忘了自己，每個人在這個世上本身都是精彩的，不論您是最基層或最高層，都有自己的故事。

市面上有著許許多多的書籍，都是如何成功、如何成為頂尖的人物、如何效法企業家，但書看完快樂嗎？在看完吉兒的這本書後，覺得終於有人願意，把她的幸福故事分享出來，如何從本身讓自己健康快樂、如何做自己真正的主人。每個人在追求夢想時，都忘了自己要先健康幸福，才會影響身邊的人跟著健康幸福。

為愛年輕的吉兒寫的這本書看似平凡，但真正看到此書後，覺得一點也不平凡，我重複看了好幾次，是值得推薦看的一本書，希望大家都健康幸福快樂做自己的主人、做年輕的自己。

推薦序 9

Jessie Yao（新生命電商　鑽石領導）

看完這本書

感覺可以為愛勇敢

曾經有多少人在感情中迷茫

被傷害　被否定　而放棄了愛

我很開心我認識到吉兒是一位願意冒險的女孩兒

她把她生命的故事都寫在這本書中

我想讀到這本書的你 可能跟我一樣 會深呼吸一口氣

然後告訴自己　相信愛會持續降臨

相信自己能擁有愛的勇氣與權利

因為我們都值得被愛與愛人

都是值得擁有幸福人生的

劉瑞娟（源氏物語 負責人）

我愛吉兒！

從小學一年級入學的第一天開始，我們有 9 年的同窗之誼！

小學的時候，吉兒會帶班上的同學們到老師家。所有教過我們的老師家，在吉兒的帶頭下，我們這些小蘿蔔頭都成為老師家的座上賓！

吉兒妳應該沒有忘記吧？我們國小的時候一起跟李慧信老師學電子琴，有一次在台中公園對面的彥賀樂器行，彈完琴我們兩個小朋友就到台中公園湖心亭去划船，印象中有人拿攝影機在拍兩個大膽的小孩……童年往事點點滴滴浮現腦海。吉兒從小就有樂觀、善良、領導能力、能接受冒險、勇於突破自己的特質！

就如書中紹兒形容吉兒是個：充滿能量、光明、溫暖、善良、正向的人。

細細讀著吉兒寫的這本書……讀到他母親插管時的不知所措……我的眼睛也有點濕潤，吉兒媽媽有著菩薩心腸，待我們極好，我們放學後常常去吉兒家瞎混，還曾經跳他們家的彈簧床……，吉兒媽媽煮的麵，我到現在還難忘那個好滋味！

我們不用制式的思維去讀這本書，這本書就是品味「人生」～世上唯一獨特的吉兒人生。每一個人生命功課都不同，感受到吉兒自述式描寫她的過去及現在的人生，每個親身走過的階段都豐富吉兒的生命！吉兒散發的是自信樂觀有活力的風采！就如吉兒說的：

幸福比成功重要

健康又比幸福更重要

若沒有幸福的人生，就別奢談成功的人生；而沒有健康的人生，就別奢談幸福的人生。

吉兒活在當下，用心的過生活、真誠的對每個人、負責的做每件事！

吉兒好勇敢，願意把走過來的酸甜苦辣真誠也真實的寫出，獻給渴望活出幸福的每一位女人！生活當中影響我們、能讓我們感動的，往往就是我們身邊的人事物。我一定要支持吉兒這位充滿正能量的好同學！

前言：我崇尚自然的健康美麗

喜歡運動，喜歡健行，

喜歡漫步在城市的不同角落，看著這世界是多麼美好精彩。

經常我會想著，人這一生註定會經歷不同階段的遭遇，註定會碰到身體與社會框架的侷限，身為平凡的人類，我們無法抗拒歲月催人老；身為一個女子，我們也難以改變已傳承千百年，世俗加諸女性的種種限制。

然而，我們不一定得為了追求美好與公平正義，拚了命想去改變全世界，搞得自己筋疲力竭，結果卻仍無力撼動外界一絲一毫。其實我們只要做好自己，堅持著自己的價值，用燦爛的生命展現出自身亮麗的人生，這樣的我們，真的可以突破包含身體衰老、社會制約以及紅塵諸般煩惱等枷鎖。

心的境界可以引領我們開創超越想像的境界。

＊那個真的很特別的人生，老師說「妳一定要寫出來」

近年來，透過積極學習，有幸認識不同領域頂尖的老師。2020

年加入佳興成長營，透過與佳興老師本人的對話，他給予我很多的指引。當佳興老師聽了我的人生故事，很訝異的跟我說：

吉兒，妳的人生故事實在太精彩太特別了，這樣的經歷，若不和大眾分享，那實在是太可惜了。透過分享你的生命故事，一定可以幫助更多的人活出幸福的人生！

我的人生，精彩嗎？我們身邊都有很多在不同領域成功的企業家、勵志典範以及成就非凡的專業人士。要談成功，小女子我可不敢造次。

我的人生，特別嗎？這點，我必須承認，的確我的人生有些特別，至今，找不到和我一般有這麼特殊經歷的朋友。

● 我的人生有三段婚姻

第一段婚姻：我和一個跟我同年同月同日生的男子，

交往 7 年，步入婚姻之路更長達 15 年，

原以為這應該是「天作之合」的姻緣，

但終究這段婚姻最後必須割捨。

第二段婚姻：我和一位大我 19 歲的美籍教授，

登記結婚，也認真想要與他共度一生，

年紀長我 19 歲，一定會很疼我，可以白首偕老？

是這樣嗎？

最終仍無法成就圓滿姻緣之路。

第三段婚姻：認識小我 17 歲的伴侶，

　　　　　　　這是個看似無法被社會一般人認同的結合，

　　　　　　　可能很多人不看好這段戀情可以持續下去，

　　　　　　　但至本書出版這年，我已和他攜手感情路超過七年，

　　　　　　　恩愛如昔，心心相印。

● 我有著超越年齡的肌膚體態以及心境

經常走在山路上，對向的青壯年山友會跟我說：「加油，年輕人。」

實際上，我敢肯定的說，我實際年齡絕對比對方大，並且可能大一輪以上。

相信任何人若從背影看我，絕對會以為前面站的是位少女，就算面對面交談，也難以猜出我的真正年紀。

這是我這個人以及我的人生最大的兩個特色。

感恩佳興老師，鼓舞我可以分享我的人生。我想，我並非甚麼企業楷模，所以我的焦點不是關於理財致富、不是關於業務實戰，也不是甚麼人生勵志格言；

年過五十的我，也從不敢說自己是美女，不特別去分享甚麼美容美姿美儀秘方。

但我願意和讀者交流的，就是兩個字：「真誠」。

我要分享的，就是我真實的經歷，放眼全華人圈，甚至全世界，少有人跟我一般有這樣三段截然不同，特殊的感情際遇，含括不同的年齡差距：平輩、男大女小以及女大男小。也包括不同的身分背景：平常上班族、外籍人士，以及純樸的原民青年。這中間的相處感觸、人際互動學習，以及所帶來生命中的體悟，是我真誠可以和讀者分享的。

我也要分享的，是我如何對待我自己，我要真誠地敘述予讀者們知道，我是怎麼做到讓自己不被年齡所束縛。關於飲食、關於運動、關於心態的健全，這些，我都願以野人獻曝的誠意，無私的分享。

總之，我要呈現的就是「我」這個人。

如果透過認識我，可以讓讀者們得到跟婚姻感情、跟健康保養等有幫助的建議，哪怕只是其中一部分的陳述，能帶給您助益的，我的分享就值得了。

＊追求全方位的幸福

我的指導老師黃佳興，他曾經寫過一本書叫做《幸福競爭力》，怎樣的人生才叫幸福？怎樣讓自己這一生多采多姿，有著競爭力？

關於人生的種種，我也還在學習，希望可以得到更多的成長，但不論處在人生怎樣的階段，一個不變的基本原則就是：

做人要真誠，並且你要好好地愛自己。

　　甚麼叫幸福？其實每個人會有不同的定義。表象的幸福，不一定是幸福，例如企業家在麥克風前意氣風發地擘畫事業願景，但他沒揭示的，可能是他的家庭紛爭以及健康苦惱；螢光幕上被譽為男才女貌的銀色夫妻，也可能半年後就宣布分手，內裡則有許多未可告人的不堪。

　　這世界有七十億人口，就會有七十億個版本的人生煩惱故事。

　　最終，我們仍應該聚焦的，還是「自己」的人生。這件事聽起來簡單，但以我的經歷來看，太多人都未能做到，實務上也難以做到。畢竟，身處在團體社會裡，我們每個人都不能太我行我素，不能全然的自利，更不能太過自私自絕生路，然而卻也不能讓自己老是「活在別人的陰影」裡。而在所有人際關係中，最常會觸碰到「自己」與「他人」衝突的，無疑就是婚姻這件事了。

　　婚姻生活是一種責任，從此後我們不能一切只想著自己，總要為「另一半」著想。今天妳想去夜市逛街，但他想在家靜靜地聽音樂，怎麼辦？這件事只有三種結果：妳配合他，他配合妳，或者雙方各自做各的。一次兩次可以，但如果永遠如此，那就牽涉到雙方價值觀不合，這時候妳該怎麼辦？是堅持做自己，還是委曲求全都配合他，或者就一半一半，今天妳配合他，明天他配合妳。如何計算？難道夫妻間也要落入「數學公式」嗎？你對我好一分，我明

天就要還你一分，才能「打平」，是這樣子嗎？

　　所以，「做自己」很重要，但在婚姻生活裡不可能完全做自己，那該怎麼辦？或者有人選擇不結婚，但總要加入群體生活啊！要上班，跟同事互動；要上學，跟同學互動，就算甚麼都不參加，也總得遇見鄰居或者去商店買東西和店員交流，總會碰到「自己」與「他人」衝突的情況。

　　既然，自己永遠是自己人生的主角，並且所謂幸福，一定是以「自己」為主軸。所以，我們關注的課題，如何讓自己在得到快樂的同時，也不會與這個世界為敵。以我自己來說：

- 如何追求真愛，而不要去太在乎世人可能指指點點的閒話？
- 如何和不同年齡的人溝通？在共組家庭時，包容彼此的聲音？
- 如何真誠地面對自己（我希望自己健康幸福快樂），也要符合世人的眼光（在不同的場合，總要配合該場合的禮儀規範）
- 如何讓自己更美麗，但不是為了迎合眾人的眼光？
- 如何在舒適與健康間取得平衡？例如，可能吃美食及懶懶地躺在沙發上是舒適的，天天運動與拒絕美食是辛苦的，這時候要完全「照自己」的喜好走，選擇安逸，還是就是要逼迫自己突破舒適圈，即便一開始很痛苦？

　　全方位幸福，包含著人活在這世上的各個層面，但對我來說，

最終幸福的人生，還是要回歸「懂得愛自己」，我們真的該好好善待自己。

而衡量一切元素的是否平衡，也應該以是否「愛自己」為評量，例如，此時此刻，我想要享受美食，大啃炸雞薯條，因為我要「愛自己」，但長期來看，變成一個全身是病，身材不好消化不好血液循環不好的人，這樣就真的「很不愛自己」了。

總結來說，我對人生的一個基本要求：

沒有幸福的人生，就別奢談成功的人生
沒有健康的人生，就別奢談幸福的人生

本書，不談怎樣是成功的人生，因此，世俗定義的名利富貴，不是本書的主題。

本書要分享的是幸福的人生，植基於我真實的生命體驗。背後的關鍵是如何既愛自己又能與生命中的伴侶相互契合。

本書也會談到健康的人生，因為如果身體健康出狀況，那即便坐擁金山銀山，且身旁有最愛你的伴侶，病痛也讓你無法真正快樂。或者不要講那麼極端，就談體力好了，我喜歡和我那小我 17 歲的先生，爬山做越野運動，如果我自身體力無法跟上先生的腳

劉瑞娟（源氏物語 負責人）

步，那又如何能夫唱婦隨同進同出呢？

幸福很重要，健康很重要。

愛自己，非常的重要。

這就是我，我要健康幸福又能發自內心的美善與美麗。

感恩各位讀者願意與我結緣，一起分享我人生中的故事與啟發。

翻開這一頁，讓我啟動我的故事。

故事的起點，在台中潭子。

目錄・CONTENT

Chapter 1

情緣篇 / 37

Lesson 1

Lesson 2

Lesson 3

目錄 · CONTENT

目錄 · CONTENT

Chapter 1

情緣篇

如何讓我與你相遇，
在我最美的時候

Lesson 1

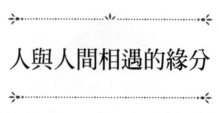

人與人間相遇的緣分

同年同月同日生，提燈籠也找不到，

天造地設的一雙，一定可以白頭到老？

是否你也常困惑於生命的種種？

人來到這世上經歷這一切歡喜悲愁，到底是為了甚麼？這一切是上天安排的嗎？如果是的話？那是為了怎樣的目的？怎樣的邏輯？

如果一切都只是生物學上的機率？沒有輪迴也沒有靈魂以及那背後亙古的命運傳說，那人該如何自處？

是否你也和我一樣，當找不到人生真正的解答時，還是比較願意相信，有一個超越人間的宇宙法則，一個超越一切無垠的力量，介入我們的人生？

當這樣想的時候，一些生活中的奇蹟，於是就有了神奇的寓意，比如說，那一年我竟然遇見了一個跟我同年同月同日生的男人，並且也跟他相處融洽。

如果說這不是上天送給我的禮物，我不會相信。

二十多年後的我，依然相信有一種超越人間的力量。**但命運歸命運，婚姻歸婚姻，再怎麼巧合的生日奇蹟，最終要面對的還是柴米油鹽的「現實生活」。**

＊ 來自潭子的單純女孩

現實生活中的我，就是一個單純的女孩，這件事，五十年來都不變，未來也不會改變。

我就是那麼單純，一個人生中沒有太多計較的女子。

我是土生土長的台中潭子人，從小我就是典型的乖巧討人喜愛、師長都稱讚的模範生。我其實不喜歡特別去炫耀甚麼，個性也不愛強出頭，相反地，我性情文靜，重視人與人間的信任和諧。但這樣的我，卻年年都被全班推舉為班長，並且在所有同學們心目中，我理所當然就該擔任那個職位，成為全班的領導人。

也剛好我們那個學校，竟然小學六年期間，我們都沒有被拆班，很難得地，就是原班人馬，從小一到小六都是同班同學。在這段人生中最單純的時期，建立起來的友誼非常穩固，所以直到近五十年後的現在，我們都還不定期會舉辦小學同學會。

這也告訴我們一個關於人間的事實：**世間的情誼，越單純越真誠的，就越能長長久久**。一旦人漸漸長大，有了太多的算計，友誼不純了，那樣的珍貴聚首，就難以再覓。

之所以榮任班長那麼多年，主因不是單純，畢竟，小朋友大部份都很單純。而是因為我做事很有責任感，我會覺得，如果我被賦予一個職責，那我就必須扮演好這個職責代表的角色。班長這個角色要做甚麼呢？就是要帶領全班得到整潔秩序比賽冠軍啊！

所以從小我就是個很會爭冠軍的班長。

很奇怪的，我帶領團隊追求榮耀，但我本身卻比較是個不忮不求的溫柔女子。我個性很堅持，但我不是那種帶著強勢的女強人。如果以時下流行的星座來看，我是典型的雙魚座個性，常被認為是感情充沛，其實星座書的用語，經常是模稜兩可的，包含太多的解釋空間。可是有一點很確認的：我從小就是一個很重視「愛」也很樂意付出的人。

若簡單的用三個性格特色來代表吉兒這個人，那就是：

愛心、付出與真誠

從小，就可以看到我長大後的縮影，我真的很願意用心去幫助人，並且完全不勢利，非常重視和諧的價值。常見情況，一般小朋友，總是會分邊站，功課好的一國，成績差的另一國，但我這個身為班長的，卻總是對人一視同仁，我跟功課好的或成績差的，都可以玩在一起，並且我是如此的發乎自然，從不會有人覺得我「站錯邊」。

　　那年代，我們的老師採取積分制鼓勵小朋友上進，就是說，透過生活中的點點滴滴，鼓勵同學自己找榮耀，可能掃地認真加一分，日記寫得好加一分，對老師講話很有禮貌加一分……等等的，依總分排序，分數越高的坐越前面。同時間，又實施座位每週輪調，讓學生不要每週都坐同樣位置。結果，會有種情況，經常座位安排好後，正好是全班成績最好的學生，旁邊坐的反倒是功課最差的學生。

　　我都還記得，旁邊經常坐著一位晚讀的學生，他因為小時候發燒腦袋有受到影響，較晚上學，讀書時比同班同學大了兩歲，有學習障礙，成績老是墊底。那時候每次考試，我都自然而然的，會設法把自己的考卷秀給那位學習障礙同學看，很奇怪的，一方面我這個人很有榮譽心，一方面當時我一點也不覺得這個叫做「作弊」，是不對的事。

　　也就是說，從小，在我心中，愛人、照顧人，這事已經超越其他道德標準。

也就是因為這樣的個性，後來對愛情的態度也是如此，人生三段婚姻中，

- 因為對愛的承諾，以及對婚姻職責，讓我苦守著第一段婚姻，寧願虛度長長青春，也不願早點認清現實。
- 因為愛人及照顧人的天性，讓我陷在第二段婚姻的「照顧者情結」裡，偏偏對方卻是個懷疑論者，愛與懷疑彼此衝突，無法對等，終至分手。
- 因為喜歡付出，但反倒不太懂得如何接受別人的愛，所以第三段婚姻也是經過一段自我存疑，以及雙方交心過程，後來才願意打破心中自我封閉藩籬，勇敢接受這一份真愛。

總之，我因為成長在純樸的潭子，小時候生長環境也是純樸的小學，這讓我單純善良、喜歡助人的天性沒有被汙染，維持了整個一生。

前些年我們這群都已經年過五十的小學同學，也舉辦過同學會，那個曾經坐在我旁邊成績較差的男孩，後來也結婚生子，有自己的家庭，有著不富裕但單純的家庭生活。因幼年的發燒，他後來已經有失智情況，但依然走出屬於他自己的人生。

* 感情裡的不離不棄

而來自潭子的女孩，吉兒我，則是個性太過單純，以至於當面對人生第一段愛情的時候，我內心毫無懸念，就是認定對方是我「必須」守護一生的人。

我在 19 歲那年認識我的第一任丈夫，當時認定他就是我這輩子必須「生死相隨」的人，他就是我的初戀，我和他交往七年後結婚，育有兩女。兩人都有正當職業，收入也都不錯，原本可以過著美滿幸福的生活。

但終究苦撐十五年後，以離婚收場。

雖然那已是往事，但在當年我也曾自我反省，到底為何會肇致這樣的悲劇呢？

這件事其實沒有標準答案，但這些年來我終於學會的一件事，就是：**婚姻有一定的責任義務，但當事人不該為自己貼標籤，以為婚姻不睦或不能好聚好散是「自己」的責任。**

經常過度的自責，往往讓婚姻歹戲拖棚，或者即便分手，當事人內心還要傷痛很久。那真的很沒必要。

如今以客觀的角度來反思：

到底甚麼是「必須」呢？這應該有個界線，只是當時我沒有想那麼深入。但後來認知到，一個基本的標準，還是「愛」。

最好的情況，是雙方彼此相愛，但當兩個愛有衝突時，記得別忘了幸福人生的基本，就是要「愛自己」。

關於愛情，有一個典型的愛情悲劇故事。

這故事典出《莊子》，傳說中，在戰國時代，有個名叫尾生的書生，他和一個女子相遇彼此有了好感，相約某個晚上在橋下相會。當夜，卻不幸有著暴風雨來襲，尾生不畏風雨，依約前往橋下。苦等對方不至，眼看橋下河水暴漲，他依然秉持著「不離不棄」的精神，繼續守候在橋下，水越來越大，尾生抱著橋柱繼續等，最後淹死在河裡。

這就是「尾生抱柱」的故事，如今被比喻為「過度守信，不知變通」。但這寓言，卻也非常神似許多男女間的關係，不論是婚姻或戀情。

那句「不離不棄」，聽起來是如何的令人感動，但如果結局只能是「淒美」，那又該是如何的不幸？

但如今這樣的「不離不棄」，卻又常常被誤用成為怨偶間的不好分手的藉口，想想，這也是我和我的第一任丈夫，最初即便再怎麼覺得這婚姻有問題，卻依然讓我「撐」下去的原因。

說起我的第一任丈夫，原本他也都還是個負責盡責的好丈夫，跟他相戀多年直到結婚成家，實際上也沒發生過外遇或者家暴這類比較會上社會版新聞的情事。我和他之間的狀況，就是他的好賭，

初始以為只是無傷大雅的生活樂趣，最終卻越陷越深，而我當年的處置方式，是不斷「幫他」，一再相信他說的「這是最後一次」的假承諾，等到後來他所挖出的債務大坑越來越大，既帶給家庭經濟危機，後來也因為長年失信，而殘害了雙方的感情。

其實愛在流失，他對這個家的傷害，也一年一年持續，但我最終是走到相當絕望的境地，才想要申請離婚。

各位讀者，如今的妳不論身處在甚麼關係裡，是不是也有一種類似的狀況，因為某種「責任感」，而無法選擇「對自己好」的抉擇？

- 處在一個不適合自己的工作職場，日復一日過著不快樂的生活，卻只因為老闆對自己很好，不好意思「背叛」老闆，所以再怎麼不快樂，也不敢遞出辭呈。
- 跟好麻吉一起出遊，他的個性比較開朗大方，但經常實在太過大方，乃至於越界了，他的種種行徑，例如不顧妳的感受，在眾人面前開妳玩笑，還有不經妳同意，就亂動妳的東西。妳心中不高興，又不敢抗議怕破壞雙方的友誼。
- 帶著孩子出去，每次經過玩具店他都賴在櫥窗前不走，吵著買玩具，看到妳不想買單，就開始淚眼汪汪，因為他知道這招對母親有效。

明知道不該這樣下去，但身為母親不應該讓孩子哭泣，所以只能一次又一次縱容，繼續寵壞孩子。

是否這類的事情，生活中很常見。特別是與最親密的人在一起，這類的困擾越多。對象包括婚姻另一半、情侶、父母、家人、閨蜜……當發生了讓妳不快樂的事情，妳該怎麼辦呢？

總不能動不動就分手離異，但也不能無限期的容忍，怎樣才是取捨的標準呢？

最終標準還是「愛自己」。下面就來分享我的遭遇。

*有時候，太「愛」也是錯誤的

婚姻是女人的終身大事，很少人是一時衝動就做下步入禮堂的決定。以我來說，我可是長跑七年，才答應跟他共結連理。

同年同月同日生，且有著扎實的相識基礎，這樣的婚姻理當比較不會有問題，但這段婚姻卻真的有問題。

結婚那年我 26 歲，在過往青春歲月裡，除了他，我沒有交往過其他的男孩。單純的我，已經認定這就是我一輩子的歸宿，完全沒有懸念，也沒想過其他的可能。已經相識七年，當時也沒甚麼浪漫的求婚儀式，就是「時間到了」，該結婚了，這樣成家。

當初夫妻就有共識，他不會要求我一定得在家當賢妻良母，我也不是那種會對丈夫緊迫盯人沒安全感的人。所以婚後我繼續工

作，我們是標準的雙薪家庭，他在工廠擔任專業技師，後來被外派到中國當台幹，薪水非常不錯，我則是普通的上班族，擔任貿易秘書工作。婚後本來住在婆家，但因為家裡和我辦公室實在距離太遠，交通往返耗時，後來就舉家搬回我出身的潭子。從我結婚到十多年後離異，這段期間婆家和娘家間都相處和諧，我們的婚姻裡從沒有婆媳糾紛、親戚介入這類的問題。

最終發生問題的，還是婚姻中的當事人。

婚前我就知道，先生有打麻將的「消遣」，這沒甚麼好大驚小怪的，畢竟，那年代也沒太多的電子娛樂，家家戶戶都有打麻將這類的休閒，包括我成長的娘家，假日也會玩起撲克牌遊戲。

這真的沒甚麼。但等到真的發現「有甚麼」時，情況已經越來越嚴重，那時先生已經不僅僅是消遣，而是完全沉迷於賭博。

沒經驗的我，不知道如何處理，只是一味秉持著「家人是一體的」，「他的事就是我的事」的理念，持續在他出事時幫他。身為妻子，我似乎扮演著「愛」的角色，但後來我才知道，以整個婚姻的視野來看，我的愛正如同在燃燒的火焰裡添加柴薪，最終一切都難以挽回。

甚麼是愛呢？

深夜裡，一個深愛丈夫的人，苦苦守候在門口。「望你早歸」，一整個看似深情守望，實則內心幽怨的心情。

甚麼是愛呢？

當接到丈夫的電話，話筒裡他哭嚎著，他欠債被人挾持，被打到肚子好痛好痛！心愛的人受到如此對待，我心如刀割。想方設法也要去幫他脫離苦海。

愛的本身沒有問題，愛的對象原本也沒有問題，但為何最後全錯了呢？**因為愛有她的高度，如果只侷限在你儂我儂的小情小愛，那就把愛看小了。**

好比真正愛你的孩子，你會督促他功課，會要他不准偷懶。當下的寵溺放任只是沒有遠見的小愛，真正為孩子未來著想，那才是有遠見的大愛。

那麼在婚姻裡，我面對先生出了狀況，應該怎麼做呢？

如今想來，當時正確的作法，**面對丈夫賭博欠債，應該要「嚴正表明立場，絕不妥協，我愛你這個人，但你這樣的行為必須自己承擔」。**

但年輕的我，還不懂這樣的道理。包括婆家那邊，也是愛子心切。一方面痛責孩子為何賭博欠債，把麻煩事搞得這麼大，一方面還是想方設法，到處籌錢，兒子欠多少就幫他還多少。

如今想來，也許當時若夫妻雙方的親人都不聞不問，或者經濟狀況都不佳，可能先生就會賭資「斷炊」，也就被迫歇手。但當時雙方家人都太有「愛」了，包括先生的兩個姊姊，也算是事業有

成，家境很不錯的，於是都慷慨解囊，讓先生一次又一次的，賭博欠債，被逼債苦苦哀求，於是家人籌錢幫他還錢，這樣的事一再重複，每次情況很糟時，先生都會指天立誓，這是最後一次了，再不敢賭了。但每次總又會有「特殊狀況」，所有的「下不為例」都再次被打破。

多年下來，前前後後幫他還的賭債，竟然已經超過一千萬了。

試想，一千萬，可以做多少事呢？

就算在寸土寸金的大台北地區，當年的一千萬也足夠買到房子了。一千萬也可以是兩個孩子從幼兒園一路念到大學的教育學雜費。甚至純粹捐款做慈善，我們也可以是愛心公益大戶了。

但這一千萬，卻全部都被丟入名為「賭博」這頭黑暗之獸的大口。

而深信「愛」是真理，一心以為自己為丈夫也為這個家好，終於發現，所謂家庭，所謂幸福，所謂走到白頭偕老，不應該是這樣的。年近不惑的我，那時才終於重新思考，這所謂「愛」的定義。

身為人妻，身為人母，
也身為吉兒我自己，
我要認真去面對生命中真正的愛。

Lesson 2

對的時間對的地點，不一定是對的人

如何讓你遇見我，在我最美麗的時刻

為這，我已在佛前求了五百年求他讓我們結一段塵緣

佛於是把我化作一棵樹　長在你必經的路旁

陽光下慎重地開滿了花　朵朵都是我前世的盼望

當你走近　請你細聽

那顫抖的葉是我等待的熱情

而當你終於無視地走過

在你身後落了一地的

朋友啊　那不是花瓣

是我凋零的心

席慕蓉【一棵開花的樹】

＊ 請猜猜我的電話號碼

如果人生就像一本書，而在未來世界裡，可能某個有緣的人，無意間翻起吉兒這本書，並在讀到標明為 26 歲的那個篇章後，因為趕車匆匆離開，再也沒有翻閱這本書，那麼，他印象中的我，會是個標準的幸福女子。

是的，人生沒有對錯，特別是攸關愛情的部份，沒有一定的好或壞，甚至這也超越了所有宗教或者學者論述的預言，此一時彼一時的美好，不代表十年後的今日，一切依然美好。

但人生該怎麼辦呢？如果可以回首，哪個部份可以重來？可以重新修正嗎？

回首人生，我的個性我的處事並沒有做錯，當時我遇見的他，也是個善良純樸的青年，兩個彼此相互吸引且心懷善意的年輕人相處在一起，後來結為連理，最終也養育兩個孩子，有過幸福的人生。

後來一切改變了，這一切真的沒有對錯。

我依然是我，那個單純善良一心只想為對方好的吉兒。

我的第一任先生叫做連仔，以我人生到目前的時間維度計量，他也是目前為止和我相處最久的一位，可以說我的青春歲月全部都耗在這個人身上。

如同我這一生與人結緣的模式，大部份時候，是別人來「遇」

見我。那一年，也是連仔來遇見我。

　　比較奇特的，當年的他並沒有想要當主角，而是陪著另一位愛慕我的人一起現身。那年我 19 歲，有著年輕女孩的活潑開朗，同時又有著本性純良的南丁格爾式個性，對於來者我不會嚴詞拒絕，總是保留著機會給對方，那無關愛與不愛，就是以盡量不傷對方顏面自尊為前提，所以那回我和姊妹淘們在台中金萬年冰宮，看到一高一矮的兩個東勢高工學生，我也沒特別拒人於門外。這兩人，個子矮的那位，也就是想追我的那位，看起來缺乏自信，不擅言詞，有時不知所云，高個子那位，也就是來為矮個子壯膽那位，長得倒也清秀，雙方對話主要由他開口。

　　他們說想要認識我，好啊！大家就來認識，我告訴他我的名字，也簡單聊一下我家住在潭子。但想要我的電話？那就稍微必須保留些了。

　　所以當時我沒給他們我家的電話，但卻留下一個「謎題」，我給的提示，我家電話號碼都是雙號，並且還是連號的喔！

　　說起我家電話號碼，當年台中縣的號碼還只有五位數字，我們家號碼正好是 24680，這個號碼可是有人捧著鈔票想要跟我們買的，但爸爸不賣。我們家當年經營機車行，是全潭子第一家也是當年唯一一家，因此生意興隆，門庭若市，爸爸經常忙到三更半夜，那個號碼，同時也是機車行的電話號碼。

　　這個電話號碼謎題，說難還真的不簡單，畢竟全台中有那麼多

電話；但也不至於讓人無法參透，因為我給的提示算夠多的了。

就這樣，我們當天聊完後各自回家，若對方謎題沒解答出來，我們就算只是萍水相逢，然後各分東西。

然而幾天後，我正在房間溫習功課，忽然聽到哥哥叫我，阿泠，有妳的電話喔！

我的電話？我跑去客廳拿起話筒。

「嗨！我找到妳了」

那是連仔打來的電話，從那天起，我們就建立起男女朋友關係，七年後，我們步入婚姻殿堂。

＊是命運讓我們相遇嗎？

時間對了，我倆都是 19 歲。青春正艷的年紀。

地點也對了，我們都算台中在地人，有著地緣關係及共通的在地語言。

甚至，我們後來發現彼此竟然同年同月同日生，那…看起來我們的相遇更像是上天的安排。

包括我出的考題，他都猜對了。不是原本想追我的那位，而是負責陪伴，高個子這位，這一切，都很有種命運推送的調調。所以

我當時真的覺得，這就是「我這一生」的因緣了。

我是這樣子的女孩，那就是只要我認定的男人，我會死心塌地的對他好，除非天崩地裂，否則基本上我對他會是不離不棄，生死與共的那種。

然而，時間飛逝，如今年過五十後回首，當時哪裡做錯了呢？如果沒有做錯甚麼，難道是上天給我和他開的一個玩笑？為何明明是上天安排的緣分，兩人也確實一開始就欣賞對方，最終也確實相愛，但最終為何還是以離異收場？

終究，**人要看穿現實的真相，不要被超越理性的自我催眠所控制，回歸生活本質，才是正道**。總之，不論是同年同月同日生的浪漫巧合也好，或者經歷緣份的遇合，他與我相識相遇最後相親相依，這些都是真實發生的曾經。但時過境遷了，**初始的時間對了，不代表後續的時間都是註定的，人會變，心會轉，人生就是這麼一回事。**

那一天，我問連仔，你是怎麼找到我家電話？連仔驕傲的說，這還不簡單，用我的智慧大腦，就可以推算出來，反正雙數連號組合有限，翻翻電話簿去找就有了。但說是簡單，也不是那麼容易啦！主要還是有毅力。連仔說他就是很想找到我，再見我一面，於是真的翻開厚厚的電話簿黃頁，一個一個找，並且也還試錯過幾個電話，最終他找到潭子的這家機車行，一打，我哥接的，他只問請問這裡是否有位

阿泠？哥直接回答，有啊，你找我妹喔，你等一下。

就這樣我們連線了。

但連線歸連線，其實當時我們愛情還不算穩固，他其實當時還不完全是對的人。至少以他的角度，我不一定是真正的對的人，所以後來發生了「兵變」。

是的，兵變，這個名詞在當年很敏感。現代人比較少碰到，畢竟，現代年輕人當兵只要幾個月，但當年卻是短則兩年長則三年，所謂兵變，就是指當男方在軍中過著數饅頭的日子，一心等待著難得的假日，愛人可以來營區探望，或者休假手牽手去甜蜜一番，不料，一個晴天霹靂，哪天收到一封信，愛人用她錐心泣血的文字寫著，我依然愛你，但我無法等你了，因為我有了另一個人……。

平心而論，感情沒有誰對誰錯，特別是年輕的孩子，還未經歷生活的磨練建立與另一半生死與共的那種革命情感，因此一旦碰到距離阻礙，當需要人陪伴時身邊就是少了他，而人非草木，此時只要有任何的帥哥介入，心動繼而行動，那是人類的本性，真的不能太過苛求。我本身也不喜歡去當個正義魔人，批判甚麼誰誰誰背叛，誰誰誰怎能如此對待愛他的人云云。

終究，愛情是雙方間的事，任何外人的意見，都不該具備太大的影響力。

這是我對愛情的認知，也因此，我這一生的三段婚姻，可能不

一定能為他人所認同，但**我不在乎他人的眼光，因為，是我自己在生活，不是你在替我生活。**

話說回來兵變的事，其實當年兵變的人不是女方，不是我怎麼了，相反地，是連仔他自己兵變了。

* 那場兵變

自從那通打到機車行的電話後，我和連仔就常相約，何時正式交往呢？其實沒有甚麼特殊的情境。就如同我這個人的個性，好脾氣與世無爭，一切隨緣，所以當初兩人就是透過電話見面，戀情逐漸升溫，某段時候，就變成所謂的男女朋友吧！只是我自己知道，早在建立正式關係前，我這人就已經認定對方，默默為對方付出了。

連仔家境算是普通，父親擔任製鞋工廠的司機，收入平平，但家裡在東勢尚有薄田，家人都很親和，直到多年後，即便我和連仔離婚，也都還是好朋友。不過連仔本身比較煩惱的是沒有一技之長，東勢高工製圖科畢業的他，當年對職涯仍感到茫然，後來選擇加入軍職，去北部念政戰學校，求的是一個安穩的收入。這樣將來可以帶給家人溫飽，關於這一點當時算是他好朋友但仍非正式伴侶的我，並不反對。

後來反對的人不是我，是我的二哥。

我二哥遺傳我家的好血統，也是外表很有魅力的人，所以他從小就很有異性緣，另外他年輕時個性也比較浪漫，有著那種英雄救美的故事，例如我二嫂，就是他當年去加工區「救」出來的，後來相愛結婚，那年我二哥才 19 歲。但問題就出在他還太年輕，甫結婚後不久，就接到兵單入伍報到，導致後來我二嫂懷孕生子這樣人生重要時刻，二哥卻不能在場保護家人，這多少對他的家庭帶來不愉快。日後，我二哥的婚姻也不算順遂，離婚又再婚。

無論如何，當兵這件事阻礙了二哥照顧家人，這讓他對軍人這職業深惡痛絕，當他知道連仔竟然選擇從事軍職，於是專程給予告誡。那時，我和連仔已算是一對情侶，每當放假時刻，他也自然而然像是家人般，都住宿在我家。就是因為是家人，二哥才會對他放話：「想娶我妹妹，就別當個軍人，請不要因為你的職業耽誤我妹一生的幸福。」

不知道連仔是否真的為我著想，還是他原本就覺得不適任軍職，總之，連仔還真的選擇退訓。所謂退訓，可不是今天參加活動，說想退席就退席的，當初加入軍職是要簽約的，表示願意接受國家培訓，如今在軍校受訓一年要退訓，可要賠償大筆金錢的，而連仔家經濟並不那麼寬裕。

最終，連仔就退出軍職，回復平民身，這樣他也符合我哥所說「可以娶冷仔的資格」。但這樣的他，一個二十出頭的帥氣小夥子，

其實真的還沒有定性，因此後來發生了「兵變」。

那年他退出軍職，回復成老百姓，必須盡他老百姓應盡的義務，很快就接到兵單入伍服役。就在那段時間，我這個癡心的泠仔，他的女朋友，盡心盡力做到每週魚雁往返，用我的愛心填補他在軍中的孤寂。實在說，我的文筆算是不錯的，所以比較起來，我的信比起連仔寫給我的信更像是情書。

一週週下來，我的愛心不斷。我算是神經比較大條，只懂得愛人，不太會去干涉另一半太多的善良女子。但連我後來都發現，事情不對了，那來自於彼此書信間，連仔筆觸的越來越疏離，也來自他來信次數變少，甚至斷了聯繫。後來我才知道，他在當兵期間，不知是誰主動提起，他竟然和高中時期交往過的同學，又藕斷絲連，搭上了線。並且當時連仔選擇的對象是她。

就這樣，我被「兵變」了。

那算是，**我人生第一次覺知，原來一個人真心的付出，不一定有好回報。一個看似對的人，也可能只是當下「對」，但此一時彼一時也，後來就可能變「不對」了。**

走筆至此，讀者要說，啊！所以你們分手了嗎？

如果那樣就不會有後來的故事了。

所以必須說，**遇見事情這有賴機運，但遇到事情後如何處理，**

這就攸關個性以及當事人的抉擇了。

人的一生，包括無法掌控的命運，以及可以自我決定的部份。

無法掌控的，加上自我掌控的搭配組合。

就形塑了人間千變萬化的際遇。

這是我對人生的認知。

Lesson 3

交錯，相遇；交錯，各奔東西

讓我與你握別

再輕輕抽出我的手

知道思念從此生根

浮雲白日　山川莊嚴溫柔

讓我與你握別

再輕輕抽出我的手

年華從此停頓

熱淚在心中匯成河流

是那樣萬般無奈的凝視

渡口旁找不到一朵可以相送的花

就把祝福別在襟上吧

而明日

明日又隔天涯

席慕蓉【握別】

＊回來了就好

　　如果不是對的人，為何要彼此在一起那麼久？為何讓我孕育你我的骨肉，傳下彼此的基因長長久久？為何讓我將最美的歲月全留給了你？為何讓我一回首，已走過生命這麼一大段的年月？

　　然而如果生命可以問為什麼？那人類可能就找到終極解答了吧！**但人生沒有終極解答，只有珍惜每一個當下。**

　　就在三十多年前，那個下著大雨的夜晚，我曾站在生命的轉折點，如果是其他的女孩，可能就會斷然拒絕，但我是個典型雙魚女孩，一個天生就充滿愛的人。在那個雨夜，我接納了那個曾經背叛我的人。

　　自連仔兵變後，有一段日子，我失去了生活重心，藉由更努力工作，撫平青春正盛卻被硬生生斬斷情緣的傷痛。那時我已經畢業，選擇踏入我最喜歡的國貿領域，從基層幹起，在職場上表現可

圈可點。但那時的我並不快樂，心中缺了一塊的感覺，對像我這般用情至深的人來說，是很難平復的。

時序入冬，下著冷雨的夜晚，更覺沁寒，夜裡我早早就寢。

忽然媽媽來敲我房門。阿泠，他來找你了，你要下樓見他嗎？

他？他來了？

雖然剛從溫暖被窩被叫醒，腦子還有些混沌，但心中其實雪亮地知道，那個他是誰。

媽媽其實也知道我的個性，從小被她念過不知幾百遍，阿泠，妳那麼善良喔！會讓我擔心耶！不知道將來怎麼面對這個競爭的社會。那晚，媽媽也知道我肯定心軟。

果然，我聽說連仔雨夜裡還到我家門口敲門說想見我，我起床後感受到空氣是那麼冰冷，想到他在這種天氣還站在外頭心就不忍，趕忙請他上來。

連仔上樓來看我那一刻，甚麼都不必說，其實我心中就已經做出決定。不需要甚麼懺悔，根本也不需要準備甚麼理由，光是他那滿臉哀傷，渾身濕透落魄的模樣，我天生的母性就立刻發作，只想好好拿大毛巾將他包緊緊保暖，只想他不要再那麼難過。

就在那天，那個曾經狠狠劈腿變心刺痛我的男人，不知道也是被他的那位同學劈腿，或者發生甚麼事？總之，在感到絕望無助的時候，他選擇在這個世界上，他最需要依靠的地方，就是泠仔這邊。

傻啊！不論我的家人或我的朋友，沒有人不說我傻的。

傻到人家高興就可以棄妳如敝屣，直到外頭受傷了，想到我的好，才又回頭找我。這樣的人妳也要？傻啊！傻啊！

但泠仔我就是這樣的傻女孩，我甚至從那天開始也沒去追究他過往的種種，我從不是那種會去探究別人隱私，更不會去計算別人對我恩幾分怨幾分的人。

身為一個傻女孩，我只知道一件事：此時此刻，那個我依然愛著的男孩，回來了。

回來了就好，其他，都不重要了。

日後可能發生的風風雨雨，不需要後悔，不需要甚麼未雨綢繆。

來吧！渾身濕透我可憐的受傷男孩，泠仔是你永遠的依靠。

＊這樣的我，算傻吧！

所以傻女孩泠仔，又找回愛的感覺，身邊又有伴侶了。

也許別的女孩會有心結，心中永遠有個疙瘩在。但泠仔不會，泠仔就是個小小擁抱就知足的天然呆女孩。

所以從那晚開始，連仔又重回我的懷抱。

開始又結束，緣起又緣滅。

那時候的連仔，依然找不到生涯方向。我們家真的就把他當成自己家人，根本就已經住在一起，如果一時還是沒有其他工作去處，那就直接留在機車行幫忙，擔任爸爸的助理。

對的時間，對的地點，曾經是對的人，後來又變成不對的人，然後現在又變回對的人。

就是這樣，別人變了，我沒變，我這個傻女孩冷仔沒變。

後來一切怎麼走到不一樣的境地呢？這場人生課題，我有時也思考著上天神明與人間凡塵是否真的有命運牽繫的意義？

總之，26歲前，我和他已像是家人，之後毫無懸念地走向那段註定會終結的婚姻。

那段期間，實在說連仔也是努力想要扮演好一個認真男人的角色。

初始的機車行工作，畢竟不是他本行，並且一直被困在潭子這小地方，可能對一個年輕男人來說也算是屈就。之後他嘗試著各種活計，曾經去不同產業尋找業務工作，擔任過書籍銷售業務這類的工作。

有很長一段時間，他透過人脈關係，也就是我這邊的關係，進入我的公司，算是我的同事。只是後來他調到北部擔任分公司的業務，我則繼續留在中部的總公司做我最擅長的貿易工作，當年公司的主力業務像是美耐皿餐具進口，還有引進韓國商品如人參雞精等，在職場上，我算是個踏實肯做事的女孩。

還是那句話，我就是個個性單純，信守承諾，不會改變的人。

我在一個工作崗位上，可以勤勉認份地付出，無怨無悔，一如我在婚姻裡扮演的角色。

最終，往往變心的、違反初衷的，總是別人。

無論如何，當時連仔雖然工作上屢有變遷，但在感情上就沒有再出現任何劈腿之類貳心的狀況，事實上，之後我們結婚直到結褵十五載後不得不離婚的過程裡，再也沒有聽說他有第二個女人。

就在這樣家人似的氛圍，我和他根本就已是夫妻，只差個法律名份。某一個假日中午，我、連仔以及媽媽，三個人在廚房裡張羅著午餐時，連仔像突然想到甚麼事情般，就走到我媽旁邊說：「媽，我想跟冷仔結婚」，他也不是對我說，在一旁的我當時也沒感到驚訝，而媽媽更是只像聽到一件再平常不過的家人對話般，只順著連仔的話說：「娶走！娶走！」

我的婚事就這樣確定，沒甚麼戲劇化，就只是庶民的尋常節奏。

如果人生就是這樣一路順遂，安安穩穩該有多好。

但，人生的劇本不是我寫的，我只能設法在上天這位導演安排的劇本中，盡力做到最大的努力，不敢說改變命運，至少我要對得起自己。

所以往後那個長長的日子，我就這樣先考慮是否對得起自己，再考慮自己是否幸福。

這樣子算傻吧！因為最終，我還是被命運打敗，撐不下這個婚姻。

* 愛只能用心付出，無法尋求必然結局

我是 26 歲那年結婚的，那年是 1991 年。

時代的背景很重要，或許在不同的時代，好比說現代，可能我倆的結局會不同。我的前夫連仔，是 1996 年後，長期被派駐大陸，自此我和他就聚少離多。當時的時代背景就是兩岸交流正頻繁啟動的時候。

但我和他的婚姻路，並非因距離而產生隔閡，也並非如同許多所謂的台幹，發生在大陸包二奶的那類情形。

即便如今回首已是多年往事，我仍必須中肯地說，連仔是個對家庭尚有基本責任感的人，他對我和兩個女兒也沒有不好。最終造成彼此關係無法挽回的，是那個害了他一輩子的壞習慣：賭博。

最早認識他的時候，就已經知道他會賭。

但賭，有甚麼大不了的呢？我家的人也會賭啊！大家都不是聖人，有些個別小小的壞習慣、小小的物質沉溺，這沒甚麼好大驚小怪。

對單純女孩泠仔來說，連仔沒甚麼問題。

問題不是出在賭博，而是出在「沉溺」賭博。

婚前他還跟我同一家公司時，我就知道他有賭博的「業餘嗜好」，他會跟同事賭，並且也是有一定金額輸贏的那種。但我依然覺得若只是下班後化解壓力的方式，那小賭沒有關係。但其實，直到正式結婚前，他的狀況已經不妙了，只是心地善良的我，真的沒有看出端倪。後來連仔轉職去鞋廠，那是他爸爸擔任司機時期的公司，連仔學生時代也曾在那家公司打工，有了這層關係，他後來進去擔任鞋子模板學徒，再之後跟隨那年代的產業趨勢，各種傳統產業紛紛西進大陸，連仔也在那時以台幹師傅身份赴陸，而那時他的賭博「嗜好」已經變成傷害越來越大的惡習。

所以說，女人也不該一昧的善良，適當的精明是必要的。任何人際關係都是如此，就好比照顧子女，不能一昧溺愛，愛的教育之外也需用上鐵的紀律，與同事相處，也要懂得恩威並濟。

當時的我，因為一心以為愛一個人就該無條件的包容他相信他。如今檢討自己，我必須帶點自責的，如果我當時可以當個明智的肯狠下心來管教丈夫的女人，那麼，也許連仔就不會賭掉他和我建立的家。

結果，我卻採取錯誤的包容策略，當面對連仔一次又一次的回家討錢還債，我們（包括我以及婆家那邊），卻只關心著「如何救他」。記得，我們才剛結婚的那年，有一晚就接到連仔的求救電話，

說他因欠賭債被人脅持，還被毆打肚子好痛云云。當時我心痛也感同身受，只想趕快把錢張羅出來，去解救他脫離暴力威脅。

但我們都沒有想到，解救此時此刻的他，只是治標沒有治本，真正治本，應該要採取激烈的手段，砍斷金援、提出嚴正抗議、不惜斷絕關係等等，但當時我並沒能如此狠心，於是一次又一次的短痛，終究連結成一個再也無法治癒的生活病變。最後想救也難以挽救。

以結局來說，我們後來離婚收場。

但泠仔在本篇最後想要分享的：

● 感情是甚麼？

感情的聚合，說來自緣份也好，說來自努力追求也好。每個人有不同的愛情故事。**重點不在於愛情怎麼來？而在於愛情怎麼維護？**

● 每每和不同的女子聊天，或多或少總有感情的糾紛懸念，每個人都有太多的「為什麼」？

為什麼當初他對我那麼好？後來卻變樣了？

為什麼當初命理先生說我跟他八字合？但終究婚姻沒能圓滿？

為什麼他要這樣？為什麼他要做那種事？為什麼為什麼為什麼？

我的心得：

如果曾經每個當下，你享受過幸福，你沒有做出違背良心的

事，那麼，善待自己吧！往者已矣。現在的幸福最重要。

● 但如果過往可以做些甚麼，我們若搭乘時光機回到從前，願意
  重來嗎？

  這個問題的答案，對任何事來說，肯定重回過往可以做些甚麼。
  例如，車禍肇事的人，回到過往，會選擇開車小心甚至不開
  車，投資失利破產的人，回到過往，會選擇避開這個投資項
  目，**然而，唯有感情的事，不一定回到過往就能挽救甚麼。**
  畢竟男女間有太多的糾葛，不是一件事兩件事就能改變甚麼，
  而可能是千絲萬縷的牽絆交錯，就算回到從前也改變不了甚
  麼，所以還是那句話：**女人，放過自己吧！你沒有做錯甚麼。**

● 因此，提起當年連仔的賭博，我其實可以預先做些甚麼，但即
  便如此，他就因此可以戒除賭癮，或者即便如此，他後來就會
  跟我白頭偕老嗎？

  老實說，命運的劇本不會那麼簡單。

  既然不簡單，與其想太多「如果可以怎樣，我就會怎樣」，還
  不如做好自己，告訴自己「我要努力怎樣，追求未來可以怎樣」，
  這也是我現在在做的事，包括自己的運動習慣以及投入健康產業，
  包括用心學習，以及繼續加強各種自身的能力。

  未來，不一定可以怎樣。但至少，我認真地投入對的事。

  關於我的感情世界，下面繼續來分享，從三十歲到四十歲的故事。

Chapter 2

際遇篇

過盡千帆皆不是，
斜暉脈脈水悠悠

Lesson 4

關於人性以及無可救藥的執迷

今生將不再見你

只為　再見的

已不是你

心中的你已永不再現

再現的　只是此滄桑的

日月和流年

席慕蓉【悲歌】

＊ 關於堅持的定義

我是個堅持的女子，雖然外表柔弱，總是看起來像個小女孩，但認識我的人都知道，只要認定一件事情，這個小女子，是如何堅毅不可動搖。

但，堅毅不可動搖真的是對的嗎？

曾經，我認為我自己最大的優點之一，就是做事勤奮有毅力，並且不會輕易放棄。但走過過往五十個年頭，我發現了幾個迷思：

- 如果一開始根本就是選錯了路徑，那時所做的堅持，就只會是「一意孤行」，這樣的「擇惡固執」反倒是誤事。
- 如果一開始選的路徑是對的，但大環境變遷了，風向改了。那時候還一昧地堅持，也將變成「愚忠」「愚信」，或者就直接被罵是「食古不化」，是落伍的老人。
- 但站在對錯之前，甚麼是對，甚麼是錯。這件事本來就沒標準答案，有人照這樣做，堅持下去，成就非凡。有人照這樣做，卻越做越錯，堅持到最後一場空。

所以，到最終我做人做事的標準，就是「對自己負責」，我選擇這條路，後來時不我予，我站在夕陽工業這邊，好，這是我自己的選擇，我不要怨怪時局。我選擇愛這個人，後來他變了，他傷了我的心。傷心是事實，但既然是我選擇，**我只能以此時此刻為停損**

點，我的人生最後底線是做好自己。站起來，我還有明天要走。

當年我很晚才體悟到該為自己找停損點，那時我已年過四十。

但這不能說是我傻，只能說，這樣反倒才是真正的我。

真正的泠仔（上班後人們叫我英文名字吉兒），是怎樣的呢？她會盡可能的付出，只要自己做得到的，特別是為了家人，她願意堅持更久。

因此，我對連仔的堅持，超過了十五年。並且這樣的堅持後面，是有個「評量標準」的。

這個評量標準的背後，依然是「愛」。

我當初對連仔不離不棄的基石，是我對他的婚姻承諾，更是植基於我從 19 歲起不曾變心，將他當為一生家人的摯愛。

後來讓我對他灰心，也是因為他的行為已經違反了愛，第一是違反了親情之愛，父母恩大如天，任何事都可以原諒，但如果連父母恩都可以違背，那就難以原諒。第二是人性大愛，人非草木，都是有感情的。但如果碰到關乎人類存亡的生死大事，卻依然無法打動內心的劣根性，這樣的人，就難以挽救。

這裡我說的堅持，自然是有關連仔的賭性。

某個角度來說，他也是個堅持的人，只是他堅持的事物，最終害到他自己，也害到他身邊的家人。

剛結婚時，連仔可以因為賭博，讓新婚不久的嬌妻，枯守空閨。之後年復一年，情節變本加厲。這可以由負債金額看出來，最早時候，他跟我求救，那時候欠的是兩萬，但後來金額逐漸變成兩位數字，每回總要勞師動眾，設法幫他籌措那十萬二十萬的。而當金額來到上百萬，那時家人其實對他感到「無力回天」。

我也是直到協同我的婆家那邊，都已經幫他還了 120 萬賭債，聽著他信誓旦旦，「這是最後一次」「這絕對是最後一次」這類的誓言，最終卻依然故我，等下一筆債務金額 180 萬發生，婆家那邊也感到絕望，婆婆都已經將老伴的身故保險金全數賠上，他的兩個姊姊也都為此耗盡積蓄，還能怎麼辦？直到那時，才認真思考是否要離婚這件事的。

其實直到連仔身陷賭博惡習很嚴重時，我都對他還保有一絲絲希望，真正徹底絕望，正就是連仔一連違反了兩次生命帶給他的「評量標準」。

* 兩次人性的考驗

天知道我給他多少次機會，那樣的次數，不是兩隻手指算得出來的，事實上，我給他長達十多年可以迷途知返的機會。

1999 那年，發生台灣最慘烈的災難，921 大地震，震央正就在

離我們家不遠台中車籠埔。

　　唯有在這樣的災難下，人才會感到自身的渺小。記得那時候，在一陣可怕的天搖地動後，我們等到那幾秒度日如年的恐慌，劫後餘生後的第一個念頭，就是擔憂自己的親人，於是狂打電話。可是偏偏電訊不通，急著開車前往東勢老家探視，也橋樑斷裂，各種交通都中斷，只落得橋這頭的人心急如焚。

　　當那樣的時候，人們會想到甚麼？

　　會想到如果可以看到家人，我要更加珍惜他們。早上剛夫妻吵架的，會跟上天祈求，只要老天保佑另一半平安無事，願意吃齋捐款等等。總之，在大自然無與倫比的巨力下，人們才會知曉自己不是生命的主宰，要更懂得珍惜。

　　那時連仔也恰好因公回台辦事，我當時也看到他的真情流露，對家人的擔心寫在臉上。畢竟，他跟我同年同月同日生，跟我一樣是不可救藥的全身充滿愛的雙魚座，他擔心東勢家人的安危，絕對基於真情。

　　隔一段日子，好不容易道路搶通，我們趕回東勢，一路見到的許多令人驚駭莫名的災情，包括原本兩層樓的大賣場，整個陷入地底，還有道路不僅柔腸寸斷，還有條路整個被「翻轉」，好像天神只是不經意拿人類建築當玩具般，動一動手，世界就天崩地裂。

　　那時，好在東勢的親人們都無大礙，但周邊許多認識的街坊朋友，有的屋倒更有人亡，場面悲淒。我自己內心被深深震懾著，一

再告訴自己，要珍惜寶貴人生。我相信看到這些人間慘劇，連仔應該也會心動，也應該懂得該戒除賭癮了。

結果，震懾歸震懾，最終他並沒有醒悟，依然在賭。

後來發生一個真的可以重重打醒他的機會，那就是公公過世。

連仔的一家人真的都很好，連我和婆家相處，都感到如沐春風，是個溫馨美滿的家庭。而在這樣的家庭長大，連仔的父母都很疼愛他，包括後來連仔找到的工作，擔任鞋廠的駐陸幹部，也是透過公公這邊的關係才能從學徒變成師傅。

那年公公突然中風，情況危急，當時連仔從中國趕回來，也感到心急如焚，「子欲養而親不待」的危機感，深深刺激著他，看來，有種他會幡然醒悟的可能。

之後公公病情每下愈況，大約隔了才幾個月，就又二度中風。這回就算再樂觀的人也知道，他已經回天乏術。

記得那時候悲風苦雨，無處話淒涼，連仔的傷痛是真情至性的。公公在加護病房時，已處在彌留狀態，連仔跪在地上痛哭失聲，發誓他會好好做人，照顧好家人子女，要請公公安心。他也哭嚎著說，他不會再賭博。

那天，公公往生了。家人悲傷之餘，心中本來還有個小小的安慰，至少連仔願意悔過自新，選擇戒賭重新做人。

可惜，我們都失望了。因為再不久，就發生了那筆 120 萬的賭

債，最終連本來很愛連仔的兩個姊姊，都已經放棄不再傻傻的投錢救濟，唯有婆婆愛子心切，即便犧牲家底，把公公身故後的錢都拿出來，也要救兒子。而我則已經對連仔徹底心寒。

這樣的心寒，已經真正打破我的底線。

我不是無情的人，如果不是被逼到無路可退，我是那種還會繼續堅持的人。

但連我也放棄了，於是，離婚成為不得不然。

* 到底為何相愛？

離婚，會快樂嗎？當然不會快樂。但如果離婚這件事，過程已經不是感到痛苦，而是感到不想再「歹戲拖棚」，那就可見，這段婚姻到那時候，已經真的走到無可挽回的末路。

其實我認識的很多朋友，有機會聊到婚姻，其中許多的人談話的重心，都是放在過程的苦惱，在交談中，已經不再談到彼此曾經的真愛了。

為什麼愛會消失呢？

這也是亙久以來人們總會討論，但終究沒有標準答案的課題。

如果有標準答案，那麼，如今我的婚姻，可能就比較屬於「不合格」的，因為，我如今的婚姻超越世俗標準，不但女大男小，並

且，彼此間相差 17 歲。

這樣的差異，「怎可能」產生愛情？

會發出這種疑問，就代表人們還是不懂甚麼是愛。

● 有人認為愛一定是有所求的，這樣的人將愛冠上「陰謀論」，於
是有人是為了錢而愛，有人是為了權謀而愛，此外站在眾多男
性觀點，很多人是為了「美色」而愛，為了「青春」而愛，特
別是男大女小的戀情，最常被貼上「各取所需」的標籤。

甚麼愛都是假的，各自算計才是真的。

● 有人認為愛畢竟是植基於生物性需求，做為生物的一種，人
類需要甚麼？自然是需要傳宗接代，所以女的追求的是「基
因」條件好的男人，高富帥最優，若條件不能兼得，那至少夠
「富」就好，因為可以讓自己和子女過好生活。至於男的追求
的是「育種」條件好的人，越年輕貌美越是上選。

相信現代人，或多或少都還是心中有著以上兩種思維，甚至很
多人這樣的思維是根深柢固的，因此，凡是違反「正常」模式的男
歡女愛，不是被認為是別有企圖，就是被認為是「一時激情肯定無
法持久」。

所以，愛為什麼會消失？甚麼時候會消失？對這些人來說，答
案自然是，當原本的目的不見了（例如男方不再有錢，或女方不再
貌美），那愛就消失。或者當一時激情過了，愛就會消失。

所以我如今的第三段婚姻，我和紹兒的愛情，從最開始到現在都有人不看好，但結果我和他不顧世人的流言蜚語，我們依然相愛，且早已走過超過七個年頭。

所以人為何相愛？為何後來又離婚？不站在「陰謀論」，也不站在各種利益分析角度。**單純來說，就是真的已經受夠了，愛被消磨光了。**

記得當時我還依然堅持不放棄的時候，曾經連仔也透過簡訊跟我「立誓」，說出若以後還繼續賭，他願意「隨我怎麼處置」，當時我還把這樣的簡訊給兩個女兒看，她們也都可以作證。

在我開始思考這樣的婚姻存在的意義時，2006 年我去諮詢了市政府提供的免費法律顧問，我想知道像先生這樣一再賭博欠債的情形，能不能訴請離婚？得到的答案是「不能」，因為構成離婚的要素有 6 條，其中並沒有賭博欠債這條，只能協議離婚。但是，當我把離婚協議書準備好請連仔簽名時，說話不算話的先生不願意簽，我是無法離婚的。

後來，我又了解到連續三年沒有行房是可以訴請離婚的，我沒有請律師，自己到法院買了空白訴狀，回家自己寫訴狀，附上先生的欠債紀錄（包含信用卡借款、銀行貸款等），冷仔花了 1,500 元，自己到法院遞訴狀。

由於連仔長年在大陸，法院開庭兩次他都沒有出席，大約半年

法律就判決離婚，判前夫每個月要付 2 萬元生活費給吉兒（冷仔），兩個女兒都由吉兒監護，當年兩個女兒才 12 歲和 10 歲。可笑的是，判決歸判決，前夫未曾履行過一次支付生活費的責任，吉兒獨自扶養兩個女兒。有沒有婚姻這個法律前提，對我兩個女兒而言，都是沒有在家的父親的。

曾經，有一天澳門地下錢莊的人找到家裡來，我不敢開門，隔著大門我看見門縫中露出的男子的頭，他開口詢問「這裡有沒有一個連 XX 的人？」我回答「我們這裡沒有這個人」，他便離開了。還好我自己訴請離婚了，否則面對來討債的地下錢莊的人，吉兒該如何是好？

後來，知道這件事的連仔對我說「還好妳訴請離婚了」。

從相識到離異，前後超過二十年，至此雖沒有恩斷義絕，但法律上已經正式斷絕關係。

遙想近三十年前，我和他是彼此手牽著手，一起走進戶政事務所要登記結婚。當時承辦人員還說，你們是不是搞錯了？怎麼兩人的出生年月日一模一樣？

我們笑著說，沒錯啦！我們真的同年同月同日生。

俱往矣。

有時仍不免悠悠想起從前，

但我有我的日子要過，你也有你的人生課題。

就讓彼此好聚好散，下一段路程，記得好好走。

Lesson 5

在職場上我也是個堅持的人

請不要相信我的美麗

也不要相信我的愛情

在塗滿了油彩的面容之下

我有的是顆戲子的心

所以　請千萬不要

不要把我的悲哀當真

也別隨著我的表演心碎

親愛的朋友　今生今世

我只是個戲子

永遠在別人的故事裡

流著自己的淚

席慕蓉【戲子】

* 喜歡我自己

在談論我的第二段姻緣前，我想先聊聊我的工作。

因為我的第二段感情，如同現在都會男女常見的情況，是緣由自辦公室戀情。這也是我三段婚姻中，唯一一段跟職場連結才蒂結的因緣。

談起工作，就要說說我的個性。我自認資質不是特別優秀，也沒有甚麼了不得的一技之長，所有的職能，都是靠我堅持的個性和毅力，從基層不斷累積。也因為我的個性很單純，所以學事情比較專注，我認定我應該負責的事，我絕不推託，也從不會找藉口偷懶。這樣的信念，不論是在職場上，或在我的健康養生上，都帶來正面的助益。

我的個性真的很單純，乃至於從小到大，毫無例外，各個年齡層世代，都有人會擔心我的「未來」，不知道已經聽過多少次，同學或好友會「交心」的跟我說：「泠仔，妳人這麼好這麼善良，將來入社會怎麼辦？」或者「吉兒，妳這麼單純的人，是怎麼一路活到五十歲的？」

但我就是這麼走過來的，並且老實說，除了經歷過兩次離婚這樣的人生波折外，我的人生大部份都還算順遂。或許有人會說，那

是因為我很善良，所以對別人來說，原本可能會被認定不好的事，但在我眼中，凡事都只看好的一面，自然就不覺得那是壞事。

是這樣嗎？或許吧！到今天我依然相信人性本善。

請注意，我不是一個剛入社會二三十歲的職場新鮮人，我是已經過了「知天命」之年，依然可以如此看待人間的美善。這樣的我，某種角度來說，應該比別人快樂吧！

事實上，我從小最簡單的快樂事情之一，就是我的名字。

名字中有個容易被誤判的字，可想而知，小時候一定常被叫成是「李淑冷」，包括直到今天，依然有職場新認識的朋友，會第一眼看錯我名字，叫我淑冷姐。

但我都不會介意，我反倒覺得我的名字還真「特別」，能讓自己是個「特別」的人，那不是很好的事嗎？

我的名字也讓我對文學建立基本的興趣。至今我依然可以順暢的背誦的一篇課文，叫做【與宋元思書】，那是初中國文課的一篇古文。裡頭有著「泉水激石，泠泠作響。好鳥相鳴，嚶嚶成韻。」這樣的句子，因為裡頭有「泠」字，也讓我喜歡這篇文章，後來愛屋及烏，也喜歡學習國文。

所以既然我連名字都可以那麼特別，我更要愛惜自己的人生。

雖然，我的中文底子還不錯，但影響我職涯最深的，卻是英文。

關於英文，那又是另一段故事了。

*養成一輩子喜歡英語的習慣

人的一生很奇特，有些人會影響到我們的一生，但那個人和我之間不一定有著很深的感情。

如今年紀漸長，我們家兄妹三人各自有各自的人生。我和我兩個哥哥不特別的親，但確實我的哥哥對我的職涯影響很大。

身為一個機車行的千金，我從小見多的是「黑手」，這樣的我，並不會特別的「國際化」，我後來為何會喜歡國貿這行？原因在於我喜歡學英文，我為何喜歡學英文？那是因為小時候的一段「誤會」。

直到現在我都還記得，小小年紀的我，初聽到大哥烙英文，那種內心的驚訝與樂趣感。我當時覺得這語文好好玩，其實當初根本是哥哥在胡鬧，他那天跟我念著「Gunson Penson Wanson」一串押韻般有如音樂的語詞，我興奮地要哥哥再念一次。後來才知道，哥哥是故意搞怪，把缸盆碗碟變成英文，他念的是「缸比盆深，盆比碗深，碗比碟深」，純粹是小孩子在玩鬧，但我真的從那時候開始「愛上英文」。

閱讀本書至此，讀者應該也知道，吉兒我就是個很堅持的人，一旦愛上一件事物，就會想方設法投入那件事。所以我的英文程度會被培養起來一點也不意外。

中學時代也遇到好的英文老師，甚至五專時期，我是主動想去

YMCA 上課，別人家都是父母強逼孩子補習，我卻是非常熱愛學習，有機會就會把握。也因為實在太愛英文了，跟英文最有關的行業，一個是翻譯，另一個就是貿易。我的個性比較不那麼愛拋頭露面，所以個性比較溫文內斂的我，就選擇國貿為主業，從畢業後到現在，我投入最多時間的生涯，也是在貿易性質工作。

　　包括已經就業後，我都還是持續精進英文，我會自己去報名國貿秘書班，相信任何一家公司老闆，知道有員工那麼上進，對於這種人絕對求之不得，有之則加倍愛惜。因此我的職涯路，其實可以說都不會有斷層，以我的實力，從不擔心找不到工作，這種情況，直到年過五十後，才因為職場普遍的「年齡天花板」而有些阻礙。那是後話，總之，在我年輕歲月，充分掌握英文優勢，協助不同公司的老闆開發新客戶，以書信幫公司開疆闢土。我的穩定性也高，整體回顧，過往三十多年的職場，我轉換跑道的次數也很少。

　　基本上，我就是個只要知道目標在那裡，就會自動自發朝那個目標前進的人，看似柔弱的我，其實個性意外的堅強，有心愛的男人在，我願意讓我自己受他保護，但更多時候，我擔任的是保護對方的人。而若我只能一個人行動，我也不會孤單害怕一定要找伴，我個性的這部份非常獨立，例如我學有氧舞蹈、學瑜伽，不會呼朋引伴一定要幾個姊妹淘在一起才敢去，我總是一個人上課學習。

　　就是這樣的堅持，結果有好有壞，以婚姻來說，曾因此讓我第一段婚姻拖磨我的青春。但以事業及學習來說，我頗有長進。

而我教育我的孩子，也採取堅持的作法。

　　我平常其實不是那麼緊迫盯人的家長，更非那種傳說中的虎媽。我對孩子大部份時候都很民主，也不會規定她們一定要考試得第一，但我很強調的兩個主科，一個是中文一個是英文，因為我認為所有的學問，到時候電腦都查得到，但唯有語言必須深入並落實為日常應用，因此學會兩大基本語言中文和英文，是所有學習中最重要的。

　　因此，我和兩個女兒，長年來已經養成一種習慣。她們從小學時代就跟著我，每天行禮如儀的，固定晚上八點半到九點間，打開第四台看空中英語教學節目。我跟她們說，媽媽小時候想學英文還沒電視看呢！只能聽廣播，妳們要惜福，有英文教學節目要認真看。就這樣，兩個女兒一開始是被媽媽拖著坐在沙發上看，甚至小女兒還會邊看邊打瞌睡，十幾年下來，兩個人英文也都達到夠專業的水準。大女兒後來也因此取得托福高分，能夠去國外做交換學生，擴展人生視野。

　　而我自己，則靠著英文一方面在職場上成為老闆得力的助手，一方面自己也能透過多元學習，豐富人生。

* 我就是要擇善固執

但堅持真的是好事嗎？

如同本書也多次強調，這真的是沒有定論的事。只能說我們一開始就該選定一件「正確」的事，接著秉持著擇善固執的心，那就可以比一般人更早達成目標。

然而，我也不想誤導讀者，以為堅持做對的事，人生就會很美好。

事實上，我在職場上，有不只一次，就是因為堅持做對的事，明明本身是為公司著想，但到頭來，我卻被以為我是在跟公司「作對」。

從「做對」到「作對」間，影響到我的卻是我的生涯。

其中兩件最明顯的遭遇，都是發生在我五十歲以後。

那是在 2016 年，我母親重病前，我所服務的國貿工作。當時主力是從事不銹鋼鋼材的出口貿易。

在那家公司，到我被強迫離職前，我也服務了六年時光。其實從一進公司，我就發現我與老闆娘不對盤，不是因為她找我麻煩，而是因為我很堅持我的專業，為此，有時必須違抗老闆娘意見。

也是因為我那好強堅持做對事的個性影響，當時這家公司流動率很高，在我服務期間，前後已經看到超過三十位國貿部門同仁，待不下去選擇離去。初始我也想離職，甚至工作第一天就覺得不喜

歡這家公司。但卻心想著，再怎樣，都已經來報到了，至少做出成績，再來遞辭呈吧！就為了要「做出成績」，我就算碰到怎樣的挫折，我都選擇忍下來。結果我最後卻一撐撐了六年之久，的確是因為我真的「做出成績」。

記得當年外行想領導內行的老闆娘，總是會下一些不合常理的指令，但我的做法就是，繼續擇善固執，例如她規定每個貿易人員每天要發出一百五十封開發信，我卻不想照她的指令做事，因為我知道，形式化的作業人人會做，但有沒有效果呢？大家心知肚明。原本就已經有豐厚國貿經驗的我，寧願投入更多時間去分析資料，真正確認一家公司的背景及狀況，才會和對方聯絡，我一天甚至可能只發出十封開發信，但每封都植基於堅實的基礎，也因為如此，我後來都能跟客戶建立起很好的友誼，乃至於到最終我被迫離職時，心中最大的遺憾，就是公司竟然沒能給我機會，好好跟每個客戶 Say Goodbye。

我的堅持，真的能夠不為外界所動搖。我剛進公司的前三個月，真的一張訂單都沒拿到，可想而知，公司對我的冷言冷語。但我依然不為所動，繼續採用我自己的策略，第四個月終於開張了，此後就一路順暢，年年如此，也因為我真的能為公司賺錢，所以我再怎樣和老闆娘不對盤，公司也不會想開除我，甚至到後來老闆娘退居幕後，而將國貿部門的主管另委由專人負責。我則依然秉持初衷，做好我該做的事，經常業績名列前茅，最興盛的時候，我一個

人單月就幫公司銷售 500 噸的不銹鋼材，要 25 個貨櫃才裝得完。

然而，這種堅持的個性，很容易得罪人。靠著優異業績，我存活下來，但後來當景氣不佳，台灣的不銹鋼材市場逐漸被中國越南等取代，曾經我一個人業績就達到 500 噸，後來全公司加總也到達不了 500 噸。這時候，我的地位就岌岌可危了。

最終我被遣散的原因，表面上因為公司營運狀況不佳裁員，實際上，只因前一晚，我在處理訂單時，違抗老闆命令，我只想要把事情做對，好取得訂單。但這樣的違抗，讓我不但讓老闆狠下心來辭退我這有功的戰將，並且公司很迫不及待地，只給我半天時間交接，連電腦權限都立刻封鎖，以至於我連跟客戶招呼一聲都不能。我不喜歡這樣子無法交代一聲就離開，對我來說，當別人在意的事是早點離開又可多領一個月的薪水，我卻傷心著，不能好聚好散。

因為太過堅持，我嚐到了這樣的惡果。

被資遣那年我五十歲了，後來再找工作，碰到年齡天花板就更加不順。曾有一家企業後來願意任用我，當我寄出數十封履歷都石沉大海，只有這家願意面試我，並且後來是老闆先電話跟我談，接著面對面彼此交流意見都很愉快，我當然很願意珍惜這樣的機會，何況這家公司還位在潭子，離我家很近。

可惜，後來又是因為我這人太認真，當我還在新人培訓階段，因為是我比較不熟悉的電子產品，因此我就像當年孔子一般「每事問」，還特別花了許多功夫製作專屬的電子名詞對照辭典。只是當

我向我的主管請教種種電子問題時，她反問我，懂這些幹嘛？做業務不需要懂這些。覺得我這人做事太過認真了，與主管的風格不合，結果過了不久，才報到第一週的我就被老闆叫去，然後當場請我走路。問他原因，老闆只說不是我的問題，而是他個人的「主觀看法」。

如果是哪裡犯錯，都還可以有修正的機會，唯獨這樣的回應，我無話可說，因為那就代表著「沒理由，我就是不想聘妳了」。

但無論如何，我依然堅持著擇善固執的性格。不在乎他人看法，只要是對的事，我願一往無前，努力從事。

當年也就是這樣的個性，讓我的人生碰到第二段感情的種種糾葛。

Lesson 6

愛你，我別無所求

若所有的流浪都是因為我

我如何能

不愛你風霜的面容

若世間的悲苦　你都已

為我嘗盡　我如何能

不愛你憔悴的心

他們說　你已老去

堅硬如岩　並且極為冷酷

卻沒人知道　我仍是你

最深處最柔軟的那個角落

帶淚　並且不可碰觸

席慕蓉【傳言】

＊ 初遇美籍老師

那麼，就來談談我的第二任先生，他是在我 36 歲那年登場，是位當時就已 55 歲的美籍教師。

當然，那時候我們不是情侶關係，當時我依然有婚姻在身，雖然當時那段婚姻已經因為前夫的好賭，關係岌岌可危。

那年是 2002 年，我有個封號叫做超人媽咪，如今回想起來，我還真覺得自己怎麼那麼神奇，可以同時間一個人投入那麼多事情。

當時前夫連仔，本身已經債務纏身，自身難保，家中有兩個還在讀國小的女兒，我除了正職工作在貿易部門服務外，晚上還撥時間去補習班兼課教英文。

而就在那年九月，已經五專畢業 16 年的吉兒再度成為學生，在當年職場一波進修潮中，我考上了二技在職專班，週六週日兩天各有八堂課要上。也就是說，除了農曆春節外，吉兒是全年無休的。

在那兩年，憑著超人的精神和體力，我邊賺錢邊念書，兩個女兒在平日放學後，會由安親班的車送回我母親家，我下了班再去接女兒。而我週末週日上課的時間，兩個孩子就輪流託給先生的大姐和我的母親照顧。

也就是在那段日子裡，我第一次遇見我未來的第二任丈夫。

人與人間的相處，除了緣份外，當然還需要更多的交心。以我當年坐三望四的年紀，雖不算是歷經滄桑，但也早已不是心懷粉紅夢想的小女孩，那時候的我，看到世間的情與愛，已經有著和童年截然不同的心境。

我依然是我，那個單純善良的吉兒，但這樣的我，若說有甚麼不同，那就是我比從前更加的堅持自我，我堅持愛與付出，我也堅持學習與成長。

曾經，我在國小時期擔任了六年的班長，那個個性親和熱愛服務的吉兒魂，在我念二技時，再次得到發揮。很快地，我就被選為班上幹部，彼時同學都已是成年人，擔任學藝股長的我，工作重點就是做為老師與學生間的橋樑，關乎功課繳交，或課堂上的疑義解釋。

身為班上的學藝股長，我因此和老師有較多的接觸，英文是吉兒最喜愛的科目，才會在二技進修時選擇應用外語系，認真的吉兒時常問老師問題，老師也因為對我們班特別照顧，在中午休息時間留在教室，同學們有任何問題都可以問老師，老師和班上同學的感情特別好。

初次遇見美籍老師，記得那時他在課堂上第一次跟同學們自我介紹，他說自己在美國已經退休，離了婚隻身來到台灣。當時 36 歲的我，看著台上已是滿頭灰髮的老師，不知為何，憐憫之心油然而生。日後想想，那就是茫茫人海間的一種情緣，**甚至某種角度來說，那也是一見鍾情，否則，為何過往日子裡，在台灣隨處也可以**

看見銀髮的老先生，我卻特別對這位美籍老師，生出一種孺慕之情，那時心中很有感觸，覺得這位老師年紀大了自己一個人在台灣是需要人關心的。

說來也算是上天安排的緣分，2004 年我二技畢業，理當我就回歸社會人士身份，此後跟學校不太會有連結。但卻剛好那年學校正在招聘國際事務中心書記，我的貿易工作也因為企業轉型，正有波裁員潮。我於是順勢把握這次可以在學校服務的機會，在 20 位應試者中以中翻英、英翻中及公文書寫第一名的成績取得書記一職。

就這樣，原本應該斷掉的緣份，卻因此又得到連結。這一回，我不但繼續和外籍老師同校，並且還變成近距離可以朝夕相處的同事。因為學校當年派任作為國際事務中心主任，也就是我的上司的那位，就是這位外籍老師。

＊當愛情再次降臨

所以人與人間的相知相許，跟外表無關，跟嗜好休閒無關，更跟年紀無關。

我初遇外籍老師時，他不僅僅已是中年人，並且，還是不重視保養的外國人。一般來說，中年後的歐美人士比起同齡的亞洲人，本就經常看起來會相對較老。更何況這位美籍老師，是個經常看不慣人

事，習慣性皺眉的人，他的皺紋更讓他絕對與帥哥形象搭不上邊。

至於生活習性和個性，也截然不同，我是個有常態運動習慣，關注健康養生，也依然保有年輕女子活潑愛笑個性的女子。而外籍老師，就是個傳統主觀意識較強的老先生。

但緣份就是這樣，這位年紀大我一大截的外籍老師，在那個時候，卻成為我生命中一個很重要的「心靈分享」對象。

說起來，每位女孩或多或少都有所謂的姊妹淘，生活中任何大小事，聽到甚麼八卦或自己有甚麼委屈，都應該有這樣的好姊妹為我們分憂。實際上，我也有認識多年的姊妹淘，也就是那些我從五專時代就在一起的閨蜜們，包括當年在我認識連仔前已經在一起的好朋友，她們理當是我有心事時的分享對象。然而，**許多事就是這樣，越是親密的朋友，反倒有些事無法跟她們訴說**。特別是關於連仔的事，想想，當初就是在這群好友的祝福下，冷仔和連仔一路從情侶後來步入禮堂，她們見證了我們家庭許多重要的時刻，新居誌慶、長女出生、連仔榮任台幹等等，正就是面對這些多年來的生命共同參與者，我無法把自家的辛酸跟她們訴說。

但心中有苦說不出，那是很痛苦的事啊！母親有高血壓，我不太敢將連仔又欠債的事告訴她，以免加重她內心壓力。面對姊妹淘們，又有家醜不外揚的顧忌。這也不能說，那也不能說，此時，美籍老師的出現，成為我吐露心事的一扇窗。

美籍老師雖然個性看起來嚴肅，但他對我卻非常的體貼照顧，

他不是會講貼心話的伴侶，甚至講話經常有點刻薄，但他自有一種長者令人信任的魅力，更且，由於知曉他是個單身外國人，他本身個性也不愛交際，也就是說，跟他講話也不需要去擔心他成為廣播電台。總之，美籍老師是當時吉兒身處前夫欠債婚姻即將觸礁的憂煩時刻，一個最佳的心靈避風港。

心靈的慰藉，往往遠勝過任何的甜言蜜語。對一個柔弱女子來說，往往千萬種諂媚，都比不上在內心孤寂無助時刻，能夠給予內心安定力量的臂膀。即便那樣的臂膀來自一個長自己 19 歲的長者，在愛情的世界裡，所有的藩籬都可以超越，種族無界限、職業無界限、身份無界限，甚至性別都可以無界限了，更何況是年齡的界限。

就這樣，美籍老師與吉兒變成非常緊密的好友，一種忘年之交，一種彼此心有靈犀，但在外人面前又不會太張揚，因為帶著這種秘密感，而讓彼此成為心中更加心神蕩漾的伴侶。

2007 年，我和前夫的官司終於底定，原本已名存實亡的婚姻，到該年正式取得法律上的離婚判定，還我自由身。

就在那年，我與美籍老師，已經是朝夕相處最親近的伴侶，也不時受邀到彼此家裡餐聚。那天，美籍老師又邀請吉兒去他家，其實當下我就知道，會有甚麼事情發生，都已經年過四十歲的我，心臟竟然撲通撲通跳得好快，像是回復到少女時代戀愛的感覺。

就在美籍老師家裡，他深情的看著我，情不自禁的吻了我。

那算是我第二任感情的正式開始。

那時我還不知道，等在我面前的，會是長達好幾年另一種形式的傷心。

似乎，愛情總有令人心碎的時刻。

無論如何，當時的我再次陷入愛河，人生再次滿盈歡喜。

✽ 何須在乎他人的眼光

關於愛情，為何人間有那麼多的分分合合？為何有情人不一定「終成眷屬」，又為何離婚率越來越高？

想想，古早時候，那時有那麼多的男女不平等，那麼多的禮教束縛，還有那麼多令現代人想到就害怕的古老婚姻黑暗面，婆媳壓力妯娌不和等等，但為何反倒古早時代離婚率遠低於現代？

本篇最後想要分享的，是關於現代人婚姻的迷失。

先來探討，為何年齡是個差距吧？例如，我和大我 19 歲的美籍老師在一起，這件事為何並不被認為是「正常」呢？可能的原因：

● 依生物學的角度

生物在宇宙中存在的最大目的，就是繁衍下一代。正如同那位

被列為開國偉人的蔣先生也曾說過：「生命的意義在創造宇宙繼起之生命。」

所以適婚的年輕人應該彼此結合，孕育健康的下一代，至於年長的男子，若靠著權勢，和年輕女子生育，雖然不必然可以被眾人接受，但至少還在符合生育定義的範圍。

但若是年紀很長，跟已經幾乎來到生養孩子年齡界線的中年婦女，這樣的戀情就比較不合乎「優生學」觀感。

● **依社會學的角度**

現代人一定都面臨代溝的問題，甚至出生年紀差個十年，講話有時就會有隔閡，更何況人與人間的相處互動，除了交談外，還包括生活習慣、成長價值觀以及不同年紀會面臨的不同心智成熟度。

既然情人相處，要生活在一起，歡樂在一起，那總要有共同語言，顯然地，若兩人年紀差別太大，立基的生活價值觀截然不同，光是代溝問題，彼此就不適合。

● **依賀爾蒙的角度**

可能大家都看多了好萊塢電影，也習慣看到俊男美女的組合，當然，像是００７那樣，雖然年紀也不小，只要顏值夠高又有六塊肌，也有權利把妹，演出最終英雄救美抱在一起的ending，但現實生活中，年齡差異太大，會讓人覺得不夠養眼，視覺無法「協調」。總之，美女就該向年紀差不多的帥哥

投懷送抱，至於老先生啊！就去安養院好好休息吧！不要進入年輕人市場瞎攪和。

以上是對於年紀差距大（不論是男大女小，或女大男小），大部份人們心裡會有的偏見，相信本書的讀者裡頭，即便自認心態開明的人，也多多少少，內心會覺得這樣的組合「不正常」。

但何謂「正常」呢？我們可以看到，**上面的種種迷思，其實都把人當做是一種「工具」。**

工具就是有目的性的，生物學的角度不必說，這個學說認為男女在一起就是為了傳宗接代。事實上，古老時代的婚姻為何比較穩固，那是因為古早社會裡因為宗族制度的關係，人們已經根深柢固地接受這種觀念，所以除了少數個性比較叛逆性格者除外，大部份男女進入婚姻後，都選擇「認命」，因此反倒不太會有家庭糾紛。

至於社會學角度，也是把男女都物化了，男的帥女的美，適齡的人在一起，讓人看了心裡最舒服，問題是，人類存在的價值，是為了「讓別人感到舒服」嗎？為何不同年紀的人就不能交流，是因為彼此溝通有代溝，所以無法達到「人與人間交流的效率」嗎？

仔細想想，就會發現，大部份時候，我們看待男女相處，還是加入了太多的個人判斷，強制要為對方「定位」。

可是實在說，他和她在一起，彼此快樂，甚至不一定要講些甚麼有道理的話，就算一顰一笑也會令對方開心，這樣就夠了，他們

要怎樣，又干卿底事？

說到底，如果兩個人要幸福，最重要的，就是不要在意別人的眼光。因為，我們人壽有時，本來就要把握光陰，為自己而活。

兩人之間，只要有愛，那愛不一定要有目的。

實際上，真正的愛，就應該是沒有目的的愛。

愛你，真的別無所求。

然而我別無所求，卻無法讓對方相信。這是後來分手事件發生的原因。

下一篇，就來談愛與信任。

Chapter 3

交心篇

兩情若是久長時，
又豈在朝朝暮暮

Lesson 7

心，是一切的答案

不再相見　並不一定等於分離

不再通音訊　也

並不一定等於忘記

只為　你的悲哀已揉進我的

如月色揉進山中　而每逢

夜涼如水　就會觸我舊日疼痛

席慕蓉【非別離】

＊如果愛可以有公式

如果愛可以被列出一個公式，是否可以解答世間種種關於愛的迷思？

● 為何有的愛可以經得起天荒地老？不管是古早傳說裡王寶釧苦守寒窯十八年，或者那些望夫崖、現代癡情女種種的故事，為何可以突破寂寞與人性追求性愛的限制？有人願意把青春整個投入，用在等候一個人？

● 為何有的愛看似有雄厚的基礎，卻經不起一點點生命中的波瀾？像電影【麥迪遜之橋】裡忘年之愛，一個途經的陌生人為何可以跟已許下婚諾的丈夫等量齊觀？為何有人願意冒著千夫所指的風險，甘願背棄當年也曾深深愛過的先生，紅杏出牆，當一位看似不怎樣的人的小三？

很多事情，我們都好似看戲的人，邊看著「不合常理」的劇情，邊罵片中女主角太傻，或邊指控誰誰誰是小妖精。然而，是當局者迷，還是旁觀者「還沒長大」？就好比小女孩看電視時，也會用困惑的臉問媽媽，為何那個人要這樣？為何那個女生要哭？

如果有個公式可以解決愛的問題就好了。

好比說：

愛＝第一眼看對＋個性相符＋激情＋忠誠＋性愛＋生活情趣＋

陪伴……

　　但實際上並沒有這樣的公式，若有這樣的公式，那這世間有太多的「特例」會來打破這些公式，到頭來，沒有一個公式會是對的。

　　不能用公式，主因有二，一是變數太多，二是每個元素加權比重不同。

1）變數太多

　　如果重新回到三十年前，問問年輕時代的吉兒：

　　妳願不願意和連仔生死與共，從今時直到永遠，無論是順境或是逆境、富裕或貧窮、健康或疾病、快樂或憂愁，我將永遠愛著您、珍惜您，對您忠實，直到永永遠遠。

　　答案是願意，事實上我們每個人結婚都會說出類似的誓言。

　　但後來為何不能走下去？

　　因為他變了，我也變了，整個大環境都變了。

　　如果再去到更早的時候，問問少女時代的吉兒：

　　妳願意嫁給大妳快二十歲的男人，或者嫁給一個小妳十多歲的男人嗎？

　　少女吉兒是個單純的女孩，她其實不會直接說出否定的字眼，只是她會納悶著，這世間有那麼多好男孩，我為何偏得要去找年紀可以當我爸爸或當我兒子年紀的人在一起？

我應該不會做這種事吧！那是電視劇才會有的情節。

但結果我這兩種極端的愛情都經歷過，並且還是現在進行式，這是為什麼？是哪裡改變了？

這世間變數太多，人會變，不僅僅隨著自己年紀、閱歷、交友情況，我們的心境會變，甚至很多時候我們只是被動的命運接受者，**當命運送給妳一個新的人生課題，於是妳的世界全然改變。變，才是生命的常態。**

2）加權比重問題

一樣米養百樣人，人類這生物很奇特的，面對事情真的沒有一個標準答案，所以會有阿拉丁神燈可以許三個願望這類的故事，也才會有聖誕老公公的需求，因為大家想要的東西都不一樣，甚至差很多。

ABCD 四個女孩，可能用金錢就能打動 A，但要用真情才能打動 B，C 女孩可能很需要陪伴，如果經常得獨守空閨，那她可能很快就琵琶別抱；D 女孩卻是一旦認定一個男人，就願意死心塌地等著。

真愛這件事，份量有多重？對一個遊戲人間的浪子，和一個清純的白馬王子分數絕對很不相同。

所以愛無法有公式，頂多只能有較高分的通則。例如大部份女孩都希望自己是愛人心中的唯一，大部份的女孩都期待有個浪漫的燭光晚餐，然而當遇到特殊狀況，大部份女孩也可能變得很不一樣，變得更堅強，會變成一個自己從前完全想像不到的人。

　　也許，吉兒也是這樣的女子。

　　回過頭來，重新審視自己的愛情。

　　實際上，我也曾自問。愛是怎麼變質？是何時變質的？

　　一一驗證在我的三段婚姻，會有三種解答。

＊ 我的三紙婚約

　　吉兒，我只是個再平凡不過的女子。

　　但無論如何，因為我的三段絕無僅有的婚姻故事，讓我再怎樣都成為一個和一般人不一樣的人。

　　我不是那種身處紙醉金迷世界見過太多男人的電影明星，我也不是那種傾國傾城總被男人愛慕的佳人。我只是因為命運的安排，讓我經歷過三段婚姻。並且三位男子不論是個性、職業、背景甚至種族都截然不同，至於年齡，則是因為三段婚姻的對象都有各自特點，所以成為我故事的焦點。

● **第一任丈夫**

跟我同年同月同日生，並且跟我一樣是台中在地人。

我們有著相似的社會背景，他也算是我的初戀情人。

● **第二任丈夫**

年紀大我 19 歲，是來自美國的老師。

我們生長的文化完全不同，相戀時彼此都已不再是年輕人。

● **現任丈夫**

年紀小我 17 歲，有著原住民血統的純樸青年。

不僅出生背景不同，甚至連生活習慣他都比較接近我的女兒那輩，但我們卻能夠幸福地在一起，到本書出版時已經超過七年。

我也在想，這三紙婚姻代表的不同意義。

1) 對第一任丈夫來說，那是對彼此來說都是很神聖的一張紙， 當時我們都是傳統的年輕人，做著標準的成家立業生兒育女人生大夢，實際上也照這傳統模式這樣走下去。那是三張婚約裡，有著最慎重儀式，參與人數最多，也最被賦予深厚願景的。

結果最後婚約必須撕毀，並且還得經過一段纏訟的艱辛。

2) 對第二任丈夫來說，那是一張帶有「實務」價值的紙， 因為美籍老師的狀況，他需要那張紙，讓他擁有台灣眷屬的身份，所以那只是一張有法律效力，但實際上跟愛情沒絕對關係的紙。愛一個

人的時候，其實有沒有那張紙都沒有關係的。

最終，愛沒了，雙方沒甚麼異議，說離就離了。

3) 對現任丈夫來說，那是一張比婚約還慎重的紙。當我們彼此都已經相知相許不需要世間任何人來認可時，我們唯一牽掛的就是不遠的未來，我們知道如今只有「光陰」才能拆散我們，但即便光陰也無法打破我們的愛。只是生命是現實的，我已經逐步邁入中老年，終有一天他也會老。我們可以不在乎世俗眼光，但不能不在乎生活層面的現實。婚約讓我們可以更加的安心。

所以三紙婚約三種狀況，在各自相處的時候，也面臨完全不同的課題。

是否是距離問題？

第一任丈夫連仔，他曾是我生命裡的「唯一」，乃至於即便他先背叛了我，愛上其他女孩，後來當他落魄的出現在我家門口，我依然可以很快地接納他，因為我真的愛他，只要他能回來，一切都不重要了。

所以不是因為距離影響到愛。畢竟，在認識他的時候，雖然有段時間他住我家並且跟我是同事，但更多時候包含他在軍校期間以及後來入伍服役，乃至於工作時期先是在台北上班後來又長年調派大陸。

愛他，我的心其實不因距離而變質，後來讓愛消磨的，不是距離，是他賭博帶給我的傷害。

第二任丈夫美籍教師，在最相愛的時候，他也是我當時的唯一，但跟他的相處，真的跟距離有關。初始，本就因為近水樓台先得月，他得以跟我變成關係親密。但最終，我們越來越多爭吵不愉快，也跟距離有關，**實在說，我和他關係急邊轉壞，關鍵就在於他後來搬到我家，很多平常因距離隔閡不會感到有甚麼問題，一旦相處在一起，才會發現真實性情差那麼多**。也因為和他的婚姻，我才真正了解，為何有許多婚前看似如膠似漆的金童玉女，反倒結婚後不久很快就離異？家庭生活的現實，有時候真的是浪漫的最大殺手，經不起考驗的愛情，一落入家庭就顯現原形，無所遁藏。

現任丈夫，我們已經真正生活在一起，感受到家人般的幸福快樂。但最初我們也有著距離問題，不只是年齡距離，地理上，他是桃園人我是台中人，很長一段日子我們的互動都是透過訊息，以及他必須千里迢迢南下相聚。即便如此，我們依然爆出愛的火花，所以距離真的不是問題。

總和來看，我的三紙婚約，也代表我三段時期的心境，從最年輕最單純也最傳統的吉兒，到了年近中年，母性大發揮想要照顧外籍老師的吉兒，到了現在是看透一切世間俗務，願意追求真愛，不受拘束的吉兒。

三紙婚約也代表愛真的沒有標準答案。

唯一的通用解答，心，是一切的答案。

＊為何曾經那麼愛的人，必須分離？

心在，愛就會在，任何其他的阻撓都不會澆熄愛戀的心。

相反的，心受傷了，那麼，就算曾經有著天長地久的誓言，也無法把人真正留住。

婚姻是神聖的，所以，當初我會願意與一個男子締結婚約，絕對是基於愛，並且願意在全世界幾十億人口中，將我的真愛只給他一人。但最終為何那婚約必須被撕毀呢？

以第一張婚約來說，真的像我這麼單純那麼全心全意愛一個人的女孩，是怎樣的過程讓我如此傷心，那樣的傷心甚至大過當年他曾背棄我和另一個女孩在一起呢？要不是過程真得太過嚴重，其實以我的善良，當年只要對方情節不要到那麼超出界線，我都還是可以原諒的。

但終究他超出了那條線，再怎麼善良曾經那麼愛他的心也因此被完全磨耗殆盡。

第一任婚姻，他在結婚一個月後，就開始有賭博到深夜甚至賭到天亮的情形。回想那段租屋在外的日子，吉兒經常坐在樓梯等

一個不回家的男人。有一次先生又要出去賭博，我挺著大肚子攔阻他，也改變不了他外出賭博的心，我挺著大肚子到附近的柏青哥去找人，走在馬路上，淚水模糊了視線，真想給車子撞死，噢～好傻好不堪的年輕歲月。

我是在結婚 15 年時，看不到明天，才問自己要一輩子過這樣的生活嗎？先生每次在欠下賭債希望我能幫忙還債的時候說「不會再有下次了，否則隨便妳怎麼辦！」，善良單純的吉兒一次又一次地相信先生，卻看不到先生真正的悔改，看不到最後一次賭債，並且先生因為欠下澳門地下錢莊的 180 萬後，開始「跑路」。

有了這個覺醒之後，深切感受到結婚證書只是一張紙，它並不代表我有一個愛家的先生，吉兒有的，是一個愛賭勝過愛家的先生。賭博對他來講可能意義非凡，否則他不會把賭博放在妻兒之前。吉兒是個會自我反省的人，我反省是不是自己哪裡做得不好，才會讓先生老是愛出去賭博，我安份守己逆來順受，守著家、守著兩個女兒，想不透自己究竟哪裡做不好，就想是不是自己上輩子欠他的，要用這輩子來還？

那麼，我還要守著一個名存實亡的婚姻嗎？豈能盡如人意，但求無愧我心。

就是這樣，才有後來我想要離婚，並且即便先生不願意簽字，我也要想方設法，自己寫訴狀，斷離這段婚姻。

所以，為何要撕毀婚約，我相信全天下所有的婚姻，當初都有著愛情，最終會走上離婚這條路，中間是有多少的無奈啊！

　　至於第二張婚約，那又是另一個故事了。

　　下面讓我來談談我和第二任丈夫的故事，同時間，我現在的先生紹兒也正式登場，那時他只是我們家的好朋友。

　　那年，是 2012 年。

Lesson 8

其實，你本來可以擁有幸福的

假如愛情可以解釋
誓言可以修改
假如　你我的相遇
可以重新安排

那麼　生活就會比較容易
假如　有一天
我終於能將你忘記

然而　這不是
隨便傳說的故事
也不是明天才要
上演的戲劇
我無法找出原稿

然後將你

將你一筆抹去

席慕蓉【錯誤】

＊ 被誤會、被傷了心的女子

經歷了十多年的婚姻，特別是那幾年真的感到心死決定離婚，同時間我又要一個人身兼多職在職場上打拼，也需照顧家人。那樣的操勞真的也傷到了身體。

大約就在法院終於判離，我回復單身身分後隔年，配合公司的例行健康檢查，在醫院裡我竟被診斷出罹患子宮頸癌。

還好，只是零期，早發現早治療。但無論如何，那是需要開刀的大事，那時我已離婚，罹癌的事也沒讓原本婆家那邊知道，自己的家這邊，我也不想給家人太多擔心，沒讓爸媽知道。兩個女兒都還在念書。

結果我進手術房做子宮頸椎狀切除手術後，躺在病床那兩天，只有美籍教師一個人來探望過我。

算起來，那時他是我在世上最想依靠的親密伴侶。

他的溫暖看顧讓我的愛意已經完全投注在他身上，沒有想到，過了沒多久就發生讓我痛徹心扉的分手事件。

經常在電視劇裡看到這樣的情節，女子抱著半害羞半緊張的心情，跟心儀的男子說，我懷孕了。結果得到的不是對方的歡喜，反而是男方疑懼的眼光，甚至直喊著「你確定嗎？確定是我的孩子嗎？」

這樣的事沒有完全發生在我身上，因為我後來沒有懷孕，但卻也相距不遠了。那是在手術後不久，有一個月我發現 MC 沒來，怎麼會這樣？我明明有做避孕措施。猛然想起，我的子宮曾手術過，經過與醫生查證，當時我的子宮避孕器的確被拿掉了，醫師還強調他曾跟我講過這件事，可能當時我處在麻醉剛甦醒後還不很清醒的狀況，所以沒聽進這事。

總之，MC 沒按正常時間報到，當時的我雖然若生育的話算典型的高齡產婦，但站在生物學角度，健康的我的確仍處可以生育的年紀。我於是就真的帶著半害羞半緊張的心情把這件事告訴美籍老師。

當時我心想，你是我在這世界上，少數可以信任的人，若以男性來說，更是我最依賴的對象。我的事，你一定會關心吧！

沒想到迎來了他非常強烈的反應，不是欣喜，相反地，美籍老師出現「強烈的」憤怒情緒。

他真的很生氣，但我做錯甚麼，讓他必須來到暴怒的境地？乃至於他氣到說要跟我分手。

原來，他認為我「一直以來」都在欺騙他，他認為，我是「故意」把避孕器拿掉，想要造成後來懷孕的既成事實，藉此來貪圖他甚麼。

他很氣我這樣的「心計」，問題是，我除了全心愛他，根本就沒有甚麼心計。

我很難過他對我的態度是這樣，**我很難過他竟然說我故意騙他，我更難過的是在他心裡，我就是個「別有企圖」，對他有貪念的人。**

問題是，貪甚麼？這也是後來與他分手後來又復合，之後結婚後來又離婚至今，我從來沒去問他的問題，因為我不會刻意去探問人們不想說的私事。

但我最大的委屈，就是我被誤會貪他甚麼，但他是個年紀坐六望七，在台灣也沒任何資源的退休老人。事實上，即便後來我曾和他有短暫婚姻，我也沒過問他的財務狀況，從來不清楚他有多少存款。

他真的很傷我的心。

即便如此，當他跟我說要分手時，我卻萬般不願意，哭得肝腸寸斷。

所以人家說我是傻吉兒，傻女孩。

用情至深的女子，我還真的傻啊！

* 用情至深，難以面對的分手

我是個十分惜緣的人，我這一生其實都在盡力付出，在感情的事上真的別無所求，但面對真情的我，反倒許多人會感到「不相信」，這也讓我好奇，難道大部份的人在各種社交人際關係中，都是存有「目的」的嗎？

如果說，父母愛子女，就是真的為他們好；如果說，人們愛父母，也真的就是自然的天性；如果說，我喜歡一個人，就只是因為「喜歡他這個人」，這樣不對嗎？

還是說，父母愛子女，是因為希望年老有人奉養；人們愛父母，是貪求將來的遺產；而愛一個人一定要有目的，不論是貪圖財富還是美色。

人家總說我很單純，但我真的一心覺得，愛一個人，關心一個人，都是天經地義的事，我從沒想過每個付出必須對應甚麼回報。

那天，美籍老師說要和我分手。他的個性，非常絕然，說分手就是分手，不是那種男女朋友吵架鬧脾氣說的氣話，他是真的對我「反感」，不想再跟我這個「別有居心」的女子在一起。那種情緒之強烈，遠勝過他一個人獨處的孤獨感，或者老後無人照料的困境。那是種我這種充滿愛的人難以想像的「感情潔癖」，總之，他當下說要分手，並且立刻就從他的宿舍整理出所有我曾送給他的東

西，跟我約在地下室停車場，站在我的車子旁，他堅持要將過往的一切紀念全部裝箱退還給我。

我一方面被汙衊是別有居心且遭受到他這樣絕情對待，一方面卻又依然心繫在他這個人身上。當我看著他將裝滿過往回憶的東西就這樣退回，我哭得不能自已，但美籍老師只是冷漠的看著我，要和我一刀兩斷。

我是個很感性的人，即便在受到這樣對待的時刻，我心中想著，至少「不要斷了聯繫」，我知道在當下的這種絕情的氛圍中，復合無望，但我告訴他，不當情人是否至少可以當朋友，並且我希望他保留一件東西，不要退還給我。那是一件當年我專程為他買的夾克，那是我在市場看到，當時就覺得很巧，那夾克上面繡的英文字，正好是那位美籍教師的名字，所以我就像看到寶一般，歡天喜地買回來專程送給他。

所謂愛，就是像這樣，做什麼事都會想到對方。可惜我的真情付出，遇到一個天生個性充滿防禦心的人。

我邊哭邊要他留住那件夾克，我希望他天冷時穿著保暖，還會繼續想著我。可能也是我哭得太傷心了，或者他也不想為這種事和我繼續糾纏，所以他就勉為其難，收回那件夾克，但其他過往曾送他的禮物通通都退還，即便後來我跟他復合後那段短暫婚姻，他也沒再拿回去。

就這樣我們分手了。從情人變回普通朋友。

回想起來，這件事我真的沒做錯甚麼。我沒有做對不起他的事，除了愛他，我沒有其他意圖。

我真正做錯的，其實是我的「執迷不悟」。當所有局外人都可以看出，這兩個人根本不適合在一起，我卻依然擔心著這個可憐的老先生，怕他沒人照顧怎麼辦。

我實在太愛別人，卻忘了愛自己。

這也是我應該要學會，但當時已四十多歲的我，依然無法擺脫的情迷。

愛自己真的很重要，如果自己都不是自己了，那麼最多妳只是個以「對方喜歡的形象」出現的假人，**犧牲自己本來面目去迎合他人，最終只有兩個結果：**

一種結果是：你就得一輩子扮演別人喜歡的你，而不是真正的自己。人的一生那麼難得，卻要這樣子一輩子演戲，這值得嗎？

一種結果是：對方終究發現他愛上的不是真正的妳，當夢幻破裂，到時候一定發生齟齬，那樣的發展更是難堪。

此所以許多曾經甜甜蜜蜜的情侶，後來卻越相處越不愉快，因為戀愛時刻意裝扮的樣子，後來不想裝了，露出原形，不那麼討喜，就吵架了。

但婚姻也好，戀愛也好，最終要走回真正的現實生活，雙方彼此都能接受真正的自己，那才是真愛。

這點，其實我也心知肚明，但當下卻無法跳脫感情執迷。乃至於後來又歹戲拖棚，演出後來的復合以及婚姻。

我就是個用情太深的女子，這點相信連上天看了也無言。

＊他不是真正愛我的人

有句成語「作繭自縛」，經常被用來形容愛得不幸福的女子。

現在想想，我的前兩段婚姻，都有些作繭自縛。

第一段婚姻，我可以選擇嚴厲的做法，甚至要求再不戒賭就立刻恩斷義絕，選擇用極端手段把連仔拉回來，那麼，後來還是有可能讓這個家庭圓滿的。

但我卻選擇包容，跟他長時間一起陷入債務困境裡，每次的幫他還債，就好比像是自己製造出絲線纏住自己，後來婚姻整個被纏住纏到不能呼吸，終究只有整個將繭斬斷重練，才能放彼此自由。

第二段婚姻，其實一開始就有種種的警示，我從當年認識美籍老師的時候，就已經發現種種的個性不合，但我卻被自己強烈的母性，完全想要付出的那種愛心，遮蔽了理性。

記得在一起當同事的時候，總是「好東西要與好朋友分享」的我，我自己每天固定都為自己準備符合營養概念的五色水果當早餐，我也用我的愛心，天天親手也製作一份水果早餐餐盒，無分四季晴雨，把我的愛心分給他。

這樣的甜蜜早餐也經歷過好一段時間，直到某天，我無意間看到他把水果盒丟到一邊，整天悶在餐盒的水果早就悶壞了。我於是問他為何那麼浪費，如果不想吃也可以我自己吃，這樣放著壞掉好可惜。他的回覆才讓我知道，他根本不喜歡這種我早上自己用鹽水泡洗的水果。

為何一開始不說，要這樣悶不吭聲的讓我日復一日做白工？

這就是他個性和我很不一樣的地方。

剛認識他的時候，他真的是我最好的交心對象，**只不過那時沒有去想，所謂交心，是我交心給他，但他並沒有交心給我。**

例如吉兒說：God knows how much I love you.

老師說：I don't know.

甚至他還接著說：You are too good to be true.

其實他也是樂意幫助人的好老師，教學上有一定好評。但他這個人防禦心很強，這點剛好和我相反，我是個完全沒防禦心的單純女孩，我不覺得世界上有壞人，就算是後來我結束兩段婚姻，我也都對他們心懷感恩，曾經陪過我走過生命中那麼一段。

心思單純雖然容易受傷，但如果遇到懂得包容愛惜呵護我的人，例如像我現在的丈夫紹兒那樣，那就真的會有幸福。但如果沒遇到這樣的人，就會很多內心傷害發生。

我實在單純到有時候被稱做是白目，包括人家在開玩笑我也相信，除非那玩笑很離譜一聽就不是真的，不然很多情況下，人家講甚麼我就信甚麼。這麼多年來，我沒有碰到那種害人傾家蕩產的詐騙，我的朋友都覺得是奇蹟，但其實大的詐騙事件雖沒遇過，從小到大被人以話術引領所做的錯誤投資，也發生過。

總之，我跟美籍老師說，我真的愛你，他卻終究還是存疑，直到後來結婚都是這樣，所以最終我們還是離婚收場。

我和他頻率如此不對，事實上根本就不在同一個頻率，但我是傻女子，我依然愛上他，明知道個性不合，但就還是想賭賭看一起生活，以為「終有一天，真愛會改變一切」。

2009 年美籍老師和我分手，但在工作場域上，我們都還在同一個學校裡服務，依然可以見到面。

憑著我的「努力」，一天一天地，從避不見面，到逐步回復對話，最後不知不覺，我們又「走在一起」了。

2012 年，美籍老師退休，他表示他在學校的東西很多，租屋處放不下，我主動表示家裡有空間可以放。他擔心退休後沒有工作，

也無法有健保，我這傻女孩開心的跟他說，不要擔心，剛好我家四樓有空房間，你的東西都可以放我那啊！

並且「好人做到底」，反正美籍老師在台灣沒其他親人，我若跟他結婚他就有親人，就有保障。就這樣，我這傻女孩，和美籍老師登記結婚。

但從一開始這就不是「有情人終成眷屬」的喜劇故事，相反地，一方太愛另一方，一方卻永遠防禦這另一方，衝突已不可避免。

最終，我和他交往期間雖然有好幾年，但有法律名份的這段婚姻只撐了不到兩年。

所以，真愛不該有勉強，真愛應該要真的心心相映。

其實，美籍老師本來可以擁有幸福的，那樣的我也可以很幸福，但一開始這樣的事就不可能發生，他不是真正愛我的人。

上天所安排真正愛我的人，即將登場。

Lesson 9

終於，那個正確的人出現在我生命裡

假如愛情可以解釋

假如我來世上一遭

只為與你相聚一次

只為了億萬光年裡的那一刹那

一刹那裡所有的甜蜜和悲淒

那麼　就讓一切該發生的

都在瞬間出現

讓我俯首感謝所有星球的相助

讓我與你相遇

與你別離

完成了上帝所作的一首詩

然後　再緩緩地老去

席慕蓉【抉擇】

* 一個溫暖的大男孩

我的親密愛人，我心心相映相互扶持的另一半，紹兒，在我生命出場的時間是 2012 年。

記得在那之前幾年，有部電影就叫做《2012》，講的是世界末日。但日後回想，在我的人生歷程裡，這年卻可說是我的重生年。只是初相遇時，我並不知道這個男人會是我生命中重要的另一半，反倒在當年我最重要的事情之一，是和美籍老師也就是第二任丈夫正式締結婚姻。

關於紹兒的登場，要從我的大女兒講起。

那年我的長女，正在念專二的，這個年紀的女孩，心智還沒成熟，卻又已經受到大環境的影響，像是對映著這個社會的縮影，也有各種人際關係間的爾虞我詐，或者說是女人心機。

我這個女兒，有些個性跟我挺像的，也是個單純善良，有些時候像是傻大姊般的人，不知道是哪天講錯話了，得罪到誰。總之，她們同學開始刻意的做出種種排擠，女孩們本就喜歡成群結黨，這其中有個在班上有影響力的五人群組最先對她做出不友善的對待，最終演變成全班集體的精神霸凌。

一個善良的女孩，怎麼經得起這樣的欺負，有段時間，她根本就不想去學校，甚至說她想休學，因為上學實在太痛苦了。

做母親的我，可以怎麼辦呢？沒有具體的事證，難以跟學校反映。並且若家長太過介入孩子的生活，肯定只會讓孩子更受輕視，這會帶來反效果。就在我為孩子感到煩惱時，出乎意料的，有一個人成為我孩子的救星。

那人就是紹兒。

我是在 2012 初識紹兒，但他在 2011 時就已經是帶給我女兒正向影響的好導師。紹兒大我女兒 9 歲，算是個大哥哥，那年當我女兒對上學感到痛苦，精神苦悶無處可發洩時，她選擇在網路社群抒發自己的委屈。而就在廣袤的網路世界裡，家住桃園當時還在軍中服役的紹兒，因緣際會的看到我女兒的留言，只因覺得這女孩怎麼那麼傷心難過啊！於是留言安慰我女兒，並且說出一些打氣的話。

其實，說起安慰，我這身為媽媽的，還有家中長輩也都願意支持我女兒，16、7 歲的女孩，心境本就難捉摸，大人講話經常就被當成是在說教，我們的好心關懷，只是隔靴搔癢，反倒可能讓她覺得很煩。但紹兒不同，以年紀來說，他雖算是大哥哥，但也依然還是年輕人，同時又因為年紀稍長，有著較成熟穩重的氣度。這樣的人，對我女兒來說，是大哥哥，不算長輩，並且紹兒有著他特有的風趣以及樂天開朗，加上他的質樸，他帶來的安慰，正好可以觸及我女兒的心房。

於是這個網路上的大哥哥，素未謀面的好朋友，成了我女兒那

段灰暗時期的救星，因為他，我女兒漸漸走出低谷，接著就是高三學生思考未來生涯的重要時刻，也比較沒人有心思去管別人。

就這樣，這個當時我只聞其名，未見其人的男孩，變成我們家的朋友。

為何我女兒的朋友變成「我們家」的朋友呢？

那又和我家的開明風氣有關，在我的家族裡，我也算是個精神領袖，不只我自己的兩個女兒，包含我的姪子姪女，從小也都很黏著我。一些重要的日子，他們不是找自己的爸媽，而是來找我這個姑姑。而以臉書為例，許多的青少年，都會刻意在臉書將爸媽封鎖，不想要爸媽干涉自己的生活。但在我們家裡不會有這樣的情事，那是因為從小**我對兩個女兒的教養，都是以包容和信任為主，我一點也不會權威壓制，包括她們若想交男朋友，我也都不會反對，我只會像個大姊姊般，歡迎她們把朋友帶回家讓我一起認識，所以往往我女兒的朋友們，也都跟我是熟悉的**，會來我家不拘束的作客。所以我女兒的網路生活，也不吝於跟我分享。

而以我為領袖，我們本就有個名為 We are Family 的線上群組，在我的長女邀請下，後來紹兒也成為這個線上群組的一員。共同分享生活中的點點滴滴。

那時我雖不認識這個人，但已經感受到，他是個可以帶來溫暖

的大男孩。

我當然不會將他跟任何男女關係聯想，事實上直到我後來跟他見面有更多相處，很長的時刻，我都只是把他當成自家的小孩看待。因為他是如此的有禮貌，非常貼心的大男孩，他會跟著我女兒，叫我媽咪，叫我母親是阿嬤。反正他就像我們家族的子孫輩般，跟我們相處得很愉快。

人和人在一起，相處愉快真的很重要。

紹兒，是個和他一起就感到如同和煦陽光般溫暖的人。

* 在桃園機場的初次見面

紹兒，不是他的漢名。他身分證上的姓氏是梅。

初識我女兒時，他的代稱叫做梅大丹，這點也很有趣，因為他有一個他從小很敬愛的哥哥，但反倒他的哥哥叫做小丹，他被叫做是大丹。

紹兒，是他的原住民名。這位上進的青年，是有著原住民血統的陽光男孩。

時序來到 2012 年，從小就在我陪伴下，打下不錯英語基礎的大女兒，以優異的 TOEFL 成績，取得參與海外交換學生的資格。

那年即將遠赴美國匹茲堡大學當交換學生，會有長達一年的時間，和家人分隔兩地。

我們全家人都要去桃園機場為她餞行，而做為 We are family 群組的一員，並且家又住在桃園，我們自然也邀請這位曾經幫助我女兒的大哥哥一起到場。

紹兒欣然答應，一起陪我們送機。

也直到那天，包括我以及我們全家人才第一次和紹兒面對面認識。

甚麼叫一見如故？紹兒跟我們在一起的感覺就是這樣。那天在機場一見面，紹兒就跟我女兒桑妮還有吉兒，來個彼此見面擁抱，這個擁抱是我們在臉書上約定好的，紹兒還脫口說出「媽咪怎麼比女兒漂亮」這樣的話。（當年兩個女兒才 18 歲和 16 歲，吉兒 46 歲，紹兒 29 歲，但身材嬌小的吉兒外表看起來可能像 30 幾歲）

這世界上有很多的感情形式，有的人近乎朝夕相處，卻幾乎沒有甚麼交集，甚至曾經同窗多年的老同學，回想起來根本彼此沒講過幾句話。或者雖是同事，但相敬如「冰」，也有的是當了鄰居十幾年，連對方姓甚麼都不知道。

卻有的朋友，明明是第一次見面，卻感覺得到你真的可以信任他，真的覺得可能過往很久很久以前，久到像前世那麼久，你們早就熟識了。所以如今相逢了，幾十年歲月，卻依然可以感情無縫接軌。

紹兒跟我們的感覺就是如此，甚至可以說，他根本就是我們家人，只是長年駐地是在桃園而已，他跟我們一起來送女兒，彼此

間幾乎沒甚麼客套，很快就打成一片，然後我們接著邀他下回再見面，感覺也都很自然。

桑妮飛往美國求學之後，紹兒和吉兒家人（包括我哥哥的小孩）變成了一家人，大家磁場很合，每個月都有聚會和活動，我們成立的 LINE 群組「We are family」，裡頭年紀最長的是吉兒（我小孩的媽咪／我哥小孩的姑姑），年紀最小的是我的小女兒維尼，成員還包括我哥的小孩和這個天上掉下來的家人紹兒。

紹兒和我女兒講話時，會跟著她們叫我媽咪；跟我哥的小孩說話時，會跟著他們叫我姑姑，寫生日卡片給我時，則叫我姐姐。

就這樣，親愛的紹兒，從過往群組裡那個幫家人打氣的網友，升級為現實生活中，可以經常跟我們聚會的家人。從 2012 年開始，他幾乎每個月都會從桃園過來參加我們的活動，有時候是戶外郊遊，有時候是登山踏青，有時候是生日聚餐，那時候他還是個志願役士官，也有他的排假輪值及種種營區管制，但與我們相隔兩地的他，卻很樂意只要我們有活動，而他也有假期，就驅車南下跟我們會合。

其實也就是在那個時候，紹兒和美籍教師，這兩個男人初次相遇，逐漸因為個性上的差異，發生了某些心理摩擦，但我是個單純的女子，當時完全料想不到這方面的事。畢竟，以年紀來說，紹兒甚至可以當美籍老師的孫輩了，長輩照顧晚輩，展現大人的氣度，這不本就是理所當然的事嗎？而且當時的我，真的把紹兒當成自己家的小孩

一樣看待。卻從來沒去料到，就在我們和紹兒間談笑風生，甚至有些打打鬧鬧的家庭戲謔間，背後有一雙隱藏著怒火的眼睛。

紹兒和我都是個性開朗，單純，沒甚麼心機，願意付出關懷與愛的人。而當時我的第二任先生，這位理當扮演大家長角色的美籍老師，卻偏偏是個有話總愛心中藏的悶葫蘆，如果他有甚麼不高興，有甚麼覺得自己權益被侵犯了，他可以將不滿表達出來，那樣我知道後，一定願顧及他的心情，甚至當時若要我好比說讓紹兒作客時，稍微含蓄些，乃至於減少參與活動次數，都是有可能的選項。

本來可以好好溝通的事，偏偏要變成一種「**悶燒的怒火**」，這**種火是最可怕的**，現實生活中許多的火災現場，消防員最怕一種叫做「閃燃」的狀況，外表沒有明顯的火焰，卻暗暗在建築物被壓住的底層持續加溫，最終可以以超過 600 度的高溫，瞬間引爆帶來全面燃燒，往往帶來重大人員傷亡。

實際上，我已經被大爆炸「燒」過一次，也就是上回和美籍教師分手那次，至於往日和他相處之間，各式各樣的小小「感情燙傷」更是多得不可勝數。可惜這種事情不是靠經驗累積就能習慣，因為「**江山易改，本性難移**」，**個性的不同帶來的衝突很難用刻意矯正本性來抵銷，此所以這世上，為何有那麼多的怨偶，當初快快樂樂的結婚，後來離婚收場，並且問起理由，絕大部份都會說「個性不合」。**

是啊！個性是天生的，有時候硬要綿羊跟狼做朋友，只會惹得

雙方都不自在而已。但弔詭的，這世間，有種超越個性的東西，叫做「愛情」，當激情時刻，愛上了，是可以不顧一切的，若這樣的愛可以永久持續就好了，可惜這是不可能的事，男女雙方必有一方會首先冷卻，回歸現實，當這樣的時候，本來可以用「愛的光芒」掩飾的種種個性衝突，就好比參加熱鬧嘉年華會，散場後，會看見滿地的狼籍。

吉兒愛的力量非常強大，強大到可以讓愛的嘉年華會，煙火閃耀久久，我就算感受到美籍教師個性上和我的衝突，我也都可以包容。

但終究愛不是永無止息的包容，一方也不可能永遠當個犧牲者，以我的情況，2012 年，美籍教師和我同居在一個屋簷下，讓我面對更多的生活摩擦，但真正以旁觀者清角度，打醒身為當事人的我，這個人正就是 2012 年起，開始參與我家活動的紹兒。

那一年，兩個男人開始經常會在吉兒溫暖家庭的屋簷下相遇。

那一年，美籍教師的悶燒之火，最終會毀掉我所有曾經對他的真心。

悶燃以及熱情帶來不可避免的衝突。

所以，必須再三強調的，紹兒初次走進我的生命裡，既非第三者，甚至也完全沒有任何平輩男女間的仰慕。

他就只是我女兒的好朋友，後來變成我們全家的好朋友。

（喔！不，不是全家，美籍教師除外）

證據之一，正好就是紹兒可以和美籍教師同處一個屋簷下。

悶燃之火甚麼時候開始點燃的呢？

是我們開始經常與紹兒在網路上互動，讓美籍教師有被忽略的感覺嗎？還是後來紹兒逐漸常來我們家，因此讓美籍教師感到自己的「地盤」被威脅到了呢？

老實說，這件事不會有答案，畢竟，一隻羊再怎樣也無法模擬想像狼的想法。即便他們已經登記為合法婚姻也一樣。

但我相信，紹兒這個大男孩，他天生愛助人的性格，以及他不會矯飾的真性情真付出，特別是從 2012 年到 2013 年間，幾次較大的「愛的動作」，都更加的讓那悶燃怒火加溫，只是單純的我們，真的真的完全不知道。

由於本就來自國外，並且語言上又無法和我其他家人溝通，美籍教師雖是我們一家人，但他並不常參加我們全家的活動。這也絕不是甚麼排擠，因為不論他是否與我在一起，當年的我還是真的很愛他，這跟有沒有參加活動一點都沒關係。

不過平心而論，人是需要關懷的，這點也是日後我經由上課，以及像是和佳興老師學習後，更加的體悟，我知道我的個性比較單純也比較不是那麼愛出風頭，或愛去干涉別人，但有時候適度的「干涉別人」才是正確的，例如現在的我有志當一個勵志講師，那

就是想透過我的話語以及溫暖，將正能量帶出影響別人。

　　而回首我和美籍教師離婚的前一年，或許我真的不夠關懷他，讓他感受到被排擠的傷害，如果還有機會跟他講話，我也願意跟他說：

　　親愛的你當時辛苦了。曾經我們愛過，但個性的差距讓我們無法真的契合，多年下來，我累了，我無法總是扮演討好你的角色。也很抱歉，那時候讓你有種身為局外人的感覺，這不是我們家人的初衷，你無法融入我們的快樂，我們很無奈，但事已至此，雖有遺憾，但個性差異沒有對錯。

　　相對來說，紹兒的個性，天生就很愛關懷別人。他是如此的樂天如此的願意付出，我們即便尚未見面前都可以感受到他的風格，例如在還沒見面前，他就曾經為了讓我女兒快樂，竟然大手筆「精心規劃」了一項大禮，送給我女兒。如果是其他的男生，這樣慎重的送禮，可能會讓我們擔心是否別有居心，或者就是他想追我女兒之類的，但若是紹兒，我們就覺得他的表現很自然，雖然太過熱情了些，可是我們不會感受到甚麼不良居心。

　　2012 那年，他知道我女兒非常喜歡 Hello Kitty，特別挑選了 Hello Kitty 系列的禮品，並且寫了一張我們看了都很感動的卡片。

　　雖然基於信函私密的因素，在此不特別公開，但總之那張卡片句句都很有溫度，可以看出一個人的用心。任何人都可以從這張卡片內容，感受到紹兒的溫暖，特別是他本身學歷不高，並不算是具

備文采的人，但他字字珠璣用心的寫出這樣的卡片，這樣的用心也是令人感動的地方。

就這樣，做為我心疼的「另一個孩子」，跟當時我合法的丈夫，這兩個原本可以和睦相處，共同享受人間幸福快樂的男人。

一個怒火悶燒，一個繼續散播熱愛。

終於在 2013 年，引爆那次的衝突。也因為這樣，美籍教師自己引爆自己的感情路，最終讓美籍老師時代結束，這樣，才迎來紹兒時代。

Chapter 4

真愛篇

眾裡尋他千百度，
那人卻在燈火闌珊處

Lesson 10

情緣易聚，真心難得

他給了我整片的星空

好讓我自由地去來

我知道　我享有的

是一份深沉寬廣的愛

在快樂的角落裡　才能

從容地寫詩　流淚

而日耀的園中

他將我栽成　一株

恣意生成的薔薇

而我的幸福還不止如此

在他強壯溫柔的護翼下

我知道　我很知道啊

我是一個
受縱容的女子

席慕蓉【他】

* 生日的大驚喜

從一開始，紹兒就是我的家人。

這點，我非常確認。

不論後來我們正式登記結為夫妻，或者假定當年沒有發生美籍教師那個事件，紹兒也一定還會是我的家人。

家人，就是那種內心的接納感，不因外在環境考驗而質疑。

我親愛的家人，紹兒。從我們還未正式見面前就很貼心。後來成為吉兒家一份子後，他更是我們生活中一個不可或缺的開心果，帶來溫暖的小太陽。

讀者可能已經好奇了，到底「那個事件」是甚麼啊！不要再賣關子了。

且讓我繼續再講下去。

我們全家人去中正機場送我女兒出國，那是在 2012 年八月。

然後從夏天到冬天，紹兒成為我們家人後，我們用歡樂譜寫每個相聚時光，從 2012 到 2013，他越來越像是我們家的一份子。過

程中，不論是出外踏青，或者在我們家聚餐，大家有說有笑的，自然也會分享彼此的種種，包括我有分享我從小就熱愛運動，並且我的桌球還打得算不錯，當時我只是聊天，但紹兒其實都已經默默記下來，他慢慢知曉我喜歡的事物。至於我家，當年買房子時買的是透天厝，而我家就我和兩個女兒，其實用不到那麼多空間，像四樓基本上就只是堆雜物的儲藏間，此所以後來才會有當美籍教師退休東西沒地方放時，我邀請他可以把東西放在我家。紹兒參觀我家時，也知道四樓有空間。

總之，紹兒跟我們家人變得如此熟稔，乃至於他已經可以跟我們家人一起「合謀」一些事情，把我這個大家長蒙在鼓裡。因此就在我這個單純的女子完全沒感覺情況下，獲得那天的驚喜。

那真是我從小到大以來所碰過的最大生日驚喜。生長在一個平凡樸實的家庭，我們其實沒有特別幫小孩子做甚麼慶生，頂多買個生日蛋糕或者全家吃飯這樣，在我第一段婚姻裡，更因為先生長時間在大陸工作，不會有甚麼慶生的機會。

2013 年我生日那天是正常上班日，如同往常，我一早就出門，在公司忙碌了一天，直到傍晚下班回家。其實我雖然個性單純，但還是可以感受到空氣中有甚麼不一樣的地方，也大致猜到晚上會有生日蛋糕唱生日歌這類的活動，果然，一回到家，We are family 的家人已齊聚一堂，當晚大家歡樂的迎接我，我非常高興當天遠在桃園的紹兒也一起來幫我慶生。但其實他不只來幫我慶生，根本當晚

的整個活動就是他策畫的。

那天邊切蛋糕，大家還準備了一張特別的生日大卡片，這張大卡片使用了時尚雜誌裡不同模特兒的身體，換上 Family 每個成員的大頭（連我爸爸媽媽都有），這是一份多麼特別的生日禮物！當然不只是這樣，每個人還要獻上禮物。輪到紹兒時，他故意送給我一個很「小」的禮物，想看看我失望的表情。其實那個禮物雖然真的很小，是個木製的「迷你」音樂盒，但我重視的是心意，內心還是很歡喜的。但紹兒和家人們就故意虧我，說我沒有很開心云云。

我哪有不開心啊？但他們說還要帶我去四樓。喔？去四樓幹嘛？反正身為壽星，我也知道今天我表面上是主角，實際上我要配合大家的演出，我就跟著紹兒他們一起笑笑鬧鬧的登上四樓。

一上樓我真的當場愣住好幾秒，映入眼簾的是一副中華民國桌球協會公認桌，以及透過發球機正在彈飛的乒乓球。這怎麼做到的？這個調皮又貼心的紹兒？他怎麼利用時間把那麼大張的球桌運到我家？然後全家人都可以串通好，要安排這樣的驚喜？

這真的太叫人感動了，紹兒當下把球拍交到我手上，讓我對著機器發出來的一球又一球練打，我笑得合不攏嘴。

事後回想，我其實記不得那天美籍教師站在甚麼地方，是否當大家都在高興時，他卻一個人獨自憤怒著？當年夏天就發生了那次事件。

＊ 我不希望失去你

那是 2013 年的初夏，五月的某一天我們全家剛一起出遊，依照往例當晚紹兒就住在我家裡。紹兒這個人啊！雖然很樂天開朗，但同時卻也心思細膩，所以他其實很早就感覺到這個家庭有著某種隱隱的暗火，只是以他作客的身分他也不便置喙。我們家本來就有預留客房，最早是要提供做為爸媽有時來家裡有地方睡，那房間大部份時候是空著的。但每一次紹兒都堅持，他喜歡一個人睡在客廳沙發就好，不想上樓影響我們的起居。我後來也就不強求，隨他的意。

但隔天早上，紹兒和我們說再見回桃園後，接著就突然斷了音訊。

說「突然」，因為我們不是逐漸發覺他沒跟我們聯絡，而是有一個具體的動作，他「主動退出」群組，原本紹兒是 Family 裡的開心果，有他的地方就有歡笑，Family 的大家都很喜歡他，我們變成比其他家人還親的一家人，並且這樣的默契和感情持續了一年那麼久。

可是在 2013 年 5 月那天，我哥的孩子跑來找我，問我「紹兒怎麼退出群組了？」，不僅僅退出，他還封鎖了大家。

身為家人，我自然擔心他怎麼了？是否家中出了甚麼事？所以第一個反應就是打電話，但他電話也不接。真的毫無預兆，我們回想起來，那一回見面聚會也沒發生甚麼不愉快的事，但紹兒為何不但離開，還離開得那麼決絕，似乎完全不希望我們聯絡他。

對我來說，首先要確認他是不是安全？有沒有出事？再來，若發生甚麼狀況，也想問問，我們這些家人可以為他做甚麼？至於他內心在想甚麼，倒是其次了，總之，先確認他安全再來問心情。可是連這都做不到，我幾乎每隔幾天就發簡訊問他。就這樣一個月兩個月過去，大家都心中感到著急，畢竟，他和我們沒血緣也不可能報警之類的。我只能繼續用簡訊和他聯絡，他卻依然不回。

最終，還是吉兒想到辦法，雖然當時紹兒沒有留下隻字片語，但還好吉兒未雨綢繆，過往有一回，紹兒寄神韻表演入場券給我們，那時我就有刻意留下那個信封，上面有紹兒的住家地址。當持續傳簡訊都得不到回應後，終於我決定不等了，我要採取行動直接去他家拜訪他。

我把我的心意用簡訊告訴他，這回紹兒感受到我的堅持，所以他不便再拒絕了。終於隔了三個月，我們得到紹兒的回音。初始先感到安心（畢竟他還在人間），然後我就跟紹兒約了時間見面。我記得很清楚，我跟他約的是 9 月 28 日，正好是教師節那天，我親自搭火車去桃園想了解到底發生什麼事？

一心只擔憂著紹兒安危的我，當時心中完全沒有甚麼男女之情這樣的糾葛，證據之一，就是我當天只是穿著簡便的運動服和球鞋。相對來說，紹兒那天來接我卻穿得很正式，像是要參加宴會般，並且還手拿一朵紅色玫瑰花。

在火車站接到我，他開車載我去他的家鄉大溪。一路上，他的心情似乎還不適合講話，我當時也不催他，當我們來到大溪老街附近，一起在大溪橋旁坐下來。當場他遞給我一封信。我很好奇，到底是甚麼狀況？乃至於紹兒甚至連說都不願意說，而要讓我讀信？

那是一封有點長的信，摺起來厚厚的有四五張，吉兒當場打開來讀信，隨著文字的串流，吉兒讀著讀著心是酥軟的。**紹兒寫道「每一個女人，無論年紀多大，內心都是需要被呵護被疼愛的小女孩」，吉兒深深地被他的真誠所觸動，同時訝異紹兒怎有如此細膩的心思。**

信中紹兒提到他小的時候，父親會在酗酒後對母親施暴，他不能忍受女人被男人欺負。

「但這和紹兒離開 Family 有什麼關係？」我好奇的問他。

接著紹兒跟我講述的事情，讓我當下非常驚訝。

初始是驚訝，後來更讓心頭有股怒火。我是個個性溫和，不愛與人衝突的善良女子，但就算是這樣的我，當天了解事情真相後，也變得有情緒。

怎麼可以，美籍老師怎麼可以這樣，欺負善良的紹兒？

可以說，那是壓垮我和美籍教師間的最後一根稻草，原本彼此感情就越來越薄弱，但那件事更讓我對他心寒。

那是甚麼事呢？讓我們回到五月的那天早晨。

﹡壓垮彼此關係的最後一根稻草

人與人相處，有時候反倒是當局者迷，或者身處的位置不同，可能無法刻意去揣想另一個人的感受。當年的我，雖然很樂意愛與付出，但我的確從來沒有料想到被我們家接納的好朋友紹兒，對我當時的先生美籍教師來說，他卻是用另一種心態看他。

紹兒身為這個家的客人，他當然會經常遇見所謂的「男主人」，美籍教師。過往出遊聊天時，他也知曉這個男主人對吉兒不是那麼好，有時候會惹吉兒傷心。

但紹兒當時畢竟只是外人，他雖然心中不捨，卻也真的不便做甚麼。相反地，他想要遞出友善的手，因此原本英文程度不佳的他，刻意為了想和美籍教師交流，有去查書，抄下一些日常生活應用美語，做為和美籍教師禮貌對話之用。

那天早晨，紹兒早早就起床，禮貌性他想先打聲招呼再回家。看到美籍教師從樓梯上走下來，心懷善意的紹兒，於是誠心的跟他問候，他問美籍教師昨晚睡得好不好？

令紹兒非常驚訝的，美籍教師表現出的那種敵意。當天美籍教師故意露出帶點狡獪的笑容，然後用明顯挑釁的眼神和語氣回答紹

兒，You can ask Jill。

這是甚麼意思呢？如果是單一事件，那可以解釋成，我睡得好不好？那可以問吉兒啊！（因為昨晚吉兒和我睡一起）。但，一家的男主人怎麼可以對客人講這種帶著性暗示的話呢？

其實這對紹兒來說，並不是單一事件，因為過往大約有一年的時間，紹兒已經有好幾次得承受這類的敵意。

為什麼會有敵意？明明紹兒是小美籍教師三輪的年輕一輩，有甚麼好敵意的？

但敵意確實發生了。

當天紹兒的確感受到他被冒犯了。但他後來選擇離開，卻是因為用心替吉兒家著想，深思熟慮後的結果。

體貼的他，心裡第一個念頭，「糟糕！原來吉兒的先生對我是這樣的想法，他竟然認為我想要和他橫刀奪愛，乃至於身為男主人他**竟然須對我用這種方式強調這是他的地盤，吉兒是屬於他的。**」

如果紹兒在這個家的存在，已經變成被誤會是破壞家庭和諧的第三者，那他當然想要退出，不想帶給這個家不快樂。

這就是當初紹兒不告而別背後的心路歷程，但這種種的想法，卻又不能說出來，更不可能在群組裡解釋。畢竟，一方面這攸關吉兒當時還是身為美籍教師妻子的名譽，二方面再怎麼說，以上這些都只能

說是「感覺」，沒甚麼白紙黑字證明美籍教師對他的身份汙衊。

　　要不是吉兒鍥而不捨地追蹤紹兒的下落，原本紹兒可能就會背下「不告而別」的負面印象永久的離開。而當他知曉吉兒是如此的在乎他，終於他願意把他的委屈娓娓訴說。

　　吉兒真的生氣了。

　　當初，美籍教師的無禮行動是促成紹兒想要離開的最後一根稻草，而如今這也變成吉兒想跟美籍教師斷絕關係的最後一根稻草。

　　吉兒雖然外表嬌小柔弱，但內心是嫉惡如仇的，吉兒知道紹兒離開的主要原因後，不久就向美籍老師提出解除以依親簽證及眷屬健保為前提的婚約，美籍老師那邊也沒太多意見，雙方達成離婚協議。

　　後來美籍老師回去美國家鄉，吉兒再也沒有和他聯繫。

Lesson 11

在我心中永遠的痛

不是所有的夢　都來得及實現

不是所有的話　都來得及告訴你

疚恨總要深植在離別後的心中

儘管　他們說

世間種種最後終必成空

我並不是立意要錯過

可是　我一直都在這樣做

錯過那花滿枝椏的昨日　又要

錯過今朝

今朝仍要重複那相同的別離

餘生將成陌路　一去千里

在暮靄裡向你深深俯首　請

為我珍重　儘管　他們說

世間種種最後終必　終必成空

席慕蓉【送別】

＊ 我生命中最心愛的人

2014 年，我和美籍教師離婚，回復為單身自由身。我們親愛的家人紹兒，後來也又重回這個 family 的懷抱。

之後我和他的感情逐漸加溫，經歷的許多事讓我知曉，我在他心中具備相當的份量，彼此惺惺相惜。

然而已經經歷過兩次婚姻的我，雖然個性依然單純，但也真的見識了與不同個性的男人相處的種種，**我和紹兒，其實都已經不在乎世俗的眼光，甚麼結婚證書，或者法律儀式，我們都知道那和真愛沒有必然關係。**

真正的愛，不因有沒有那張證書就受影響。就算有了證書，這世間又有多少人當初海誓山盟，還有人在神明前立誓要守護眼前的人，最終還不是說分就分，往日的甜言蜜語，一切成空？

但那是因為說謊嗎？難道相愛的人最初都是不真誠的嗎？我覺得也不需要如此苛責我們人類。毋寧我要說，此一時彼一時也，當

初相愛的「當下」，愛慕肯定是真的，但大環境的變遷終究改變了兩個人，或許是他變了，或是她變了，或許根本兩個人都變了，亦或兩個人都沒變但加入更好的第三者。

誰能真正預知未來呢？

所以我和紹兒的相處，一開始就不去在乎我們以外其他人的眼光。也沒有想過一定要締結婚姻。

然而 2018 年三月，我們還是去做了公證結婚。

促成我們婚姻，影響我們至深的一個人，就是這世上我最愛的那個人，我的媽媽。

說起來，我不是非常愛社交的人，這一生也沒有太多男女關係，事實上，我從小到大就只愛過三個男人，三個男人後來都成為我先生，這之外我沒有外遇、綺想或者跟任何第三者搞曖昧。我是如此的單純，我這一生最愛的人，就是我的爸媽，兩個孩子，還有現在的先生親愛的紹兒。特別是媽媽，她是我這一生愛到心底的人，乃至於當她後來離開人世，我的心感到破了一個大洞。

說起我的媽媽，她一方面是個典型的家庭主婦，總是扮演好相夫教子的本份，一方面她身為先生的賢內助，也協助我爸爸打理好機車行的財務，當我爸爸為了工作沒日沒夜操忙時，媽媽可以讓爸爸無後顧之憂，她把三個孩子都教養得好好的。

這樣的媽媽，雖然本性是溫柔的，但為了扛起家庭生活扮演好督促管教角色，她也經常必須很強勢。當年我和男友連仔在一起，後來卻慘遭他的兵變，背著我另結新歡。我雖難過，但其實也沒有太大情緒，反倒媽媽當時比我還氣憤填膺，怒罵這個男孩怎麼可以欺負我家阿泠，我反過來還必須安慰媽媽。

然而知女莫若母，同樣也是這個當時很憤慨的媽媽，當連仔後來迷途知返，雨夜中來我家想見我，是媽媽開門讓他進來的，也是媽媽上來告訴我這件事。媽媽心知肚明我還愛著這男孩。最終，我們家接納了連仔，讓他成為家裡一份子，連仔後來也覺得跟媽媽很好相處。乃至於就算是婚姻大事，他當天也是先詢問我媽媽，而不是直接跟我求婚。

就是這樣的媽媽，她是我少女時代的心靈避風港，是我身為人妻時，依然協助照顧我家人的真正後盾。身為典型的傳統婦女，我媽可是煮得一手好菜，還有她親手做的各類點心超美味的，整個征服了家族和客人的嘴。好比說，每到一年的端午又是吃粽子的時節，我的姪子姪女們會先探問，今年的粽子是誰包的啊？知道是阿嬤包的，他們就「放心」了。

這就是家族裡最令人敬仰的阿嬤，我最親愛的媽媽。

這個疼惜愛護我的媽媽，卻在 2016 年底，發生意外跌倒。
與病魔纏鬥 13 個月後撒手人寰。

媽媽的走，在我心中留下永恆的傷痛。

我的心破了這麼一個大洞，再也無法痊癒。

* 為愛定居台中

2016 年 12 月 3 日，我和友人在台中喝下午茶，突然接到大嫂打來的電話，當時我心臟就不自覺地加快，因為平日不常打電話的大嫂會來電，我有不祥的預感。

話筒裡傳來大嫂緊張的聲音：

「媽媽在房間跌倒，後腦勺著地，腫了一大包，救護車已經送媽媽到慈濟醫院」。

當下我立刻從台中趕往醫院。後來母親從急診室出來，經過電腦斷層掃描的結果，醫生當時研判沒有大礙，要我們回家觀察 3 天。但那幾天母親的視力及行走能力明顯下降，還伴隨著失智的情況。為此，我們再回醫院住院做進一步詳細檢查，這回醫師才找到原因，原來當初媽媽跌倒，起因是她的血壓已降到 32，當時已造成了小中風。

為了把握中風後復健期的黃金前半年，吉兒積極地帶母親回診、針灸、復健，那樣的情況下，我也把在那家服務六年的公司，整個累積的 15 天的特休假，短時間內都請完了。最終一方面為了

能一邊照顧母親，一方面也如同前面 Lesson 4 所述，公司發生了一些狀況，總之我離開了自畢業以來長期從事的國貿行業，人生第一次投入業務性質的工作，選擇了時間比較彈性自由的保險業，擔任保險經紀人，這是一份沒有底薪的工作。但為了能有時間照顧媽媽，這是不得不然的選擇。

媽媽病倒的這件事，改變了我的職涯。

同時也改變了另一個人的職涯，那個人就是我親愛的紹兒。

2014 年我在和美籍教師離婚後，和紹兒關係越來越好。原本紹兒少年時代就選擇念軍校，在軍中擔任士官長，後來因為錯過了軍中一個重要的培訓及升遷機會，讓他覺得失去未來願景。而那時隨著他跟我走得越來越近，他也感知到，如今他不再是自身一個人，他有責任照顧更多的人，這樣的他，必須找到更有發展的出路。因此，他寧願放棄原本再等幾年就等到的終身退休俸，選擇提早退役。

2016 年的紹兒，當時他在桃園和朋友合資健身房事業，另外他也跟隨大環境趨勢，加入網紅一族，跟他另一位也是在桃園家裡從事海產業的朋友，合作開直播，憑著帥俊的外表，他直播拍賣海產的績效還挺不錯。

那時，他聽聞吉兒的媽媽病倒了。在電話裡，**他很堅定的對我說，他擔心吉兒一個人照顧媽媽會累壞，也捨不得吉兒一個人在台中那麼傷心痛苦，所以他決定放棄當時在桃園所有進行中的事業，**

搬來台中和吉兒共度難關。

他說「我會在最短的時間內搬到潭子」，為此，他要設法在相對來說較人生地不熟的台中找工作。紹兒過往的資歷，就是軍職，沒甚麼亮眼的學經歷，基本上也沒有術科的一技之長，這樣的他的確一時間不好找工作。也曾想過，憑著他如此帥氣的外表，還有強大的親和魅力，應該從事業務性質工作會很不錯，但當時他必須趕快讓經濟上軌道，業務工作可能無法立刻滿足生活需求。後來才找到一個同樣很重視儀表的工作，就在那年他應徵並且很快錄取了生命禮儀產業，成為一個禮儀師，正式搬來台中和吉兒住在一起。

紹兒成為吉兒背後那雙最堅定的雙手。

＊為了彼此，我們要成為夫妻

吉兒和紹兒兩人一起住在台中，照顧媽媽。自從媽媽小中風後，她的狀況一直沒有改善，並且是每況愈下，電腦斷層顯示母親大腦裡有大範圍不正常的白質，慈濟醫院的神經科主治醫師推薦我們到中國附醫的權威神經科檢查治療，母親的情況因為找不到原因，持續惡化著。這段時間，我和紹兒白天各自要上班，家裡也特別聘請一個看護照顧媽媽。

大約半年過去。那天我正在處理客戶的一張保單，我記得很清

楚，在下午兩點整的時候，手機有訊息傳來，是那個外籍看護傳的照片，我一打開當下嚇得站起來，我看到母親躺在床上眼睛緊閉且嘴角流出痰的照片，立刻緊急撥打 119 請救護車到家裡帶母親到醫院，然後和客戶說聲抱歉家裡有急事，同時我也聯絡了兩個哥哥一同前往醫院。然後在那裡，爸爸、兩個哥哥和吉兒一起在急診室外等待被急救中的母親。

約莫是傍晚時分，醫師從急診室出來，召集我們一家人，醫師對我們說「病人將移往加護病房觀察一週，但即使度過危險期，也不能恢復健康，也就是說病人將成為植物人。」

這情況來得太突然，太超乎我們的想像與理解，我們不清楚怎樣做才是對母親最好的，**未來的日子裡當我回首這一段，老實說，我也無法保證再一次重來我有沒有勇氣做出那樣的決定**，總之，當時我們全家人都感到不知所措，沒人捨得讓媽媽放棄急救，所以，媽媽接受了插管（氧氣罩、鼻胃管、導尿管）。後來為何我內心有著煎熬後悔？因為在那段期間，我親眼看著媽媽，即便她已是植物人，我們以為她沒有感覺，可是實際上，我卻看到每當插管抽痰時，她的身體扭動明顯呈現很痛苦的樣子，讓我心痛如刀割。**我真的自問，讓她這樣痛苦的活著是對的嗎？但身為一家人，誰又捨得放心愛的家人走呢？**

媽媽後來在慈濟的普通病房待了一個月後，轉往聯安醫院的安寧照護病房。吉兒一邊從事保險經紀人工作，每天晚上都到醫院陪

我最愛的媽媽，幫她按摩、活動手腳筋骨，和她「說話」，每天跟媽媽說我愛她，親她的臉頰跟她道晚安。

這樣的日子持續了將近 7 個月，吉兒心疼母親所受的苦，明白愛漂亮的母親心裡一定不想這樣「活著」，2018 年 1 月 6 日媽媽辭世的前一天晚上，吉兒一樣來到病床前陪伴母親，隔天我要考外幣保單證照，我有預感母親的時日不多了，害怕媽媽在我應考之前有什麼狀況，我貼著媽媽的耳邊說話：

「媽媽，我知道妳不想過這樣的日子，我也很心疼妳這樣，媽媽，請妳不要擔心妳的孩子和孫兒們，大家都長大了，都很乖，媽媽妳可以放心的離開。」

媽媽的眼睛左右移動，吉兒深信媽媽有聽到吉兒對她說的話，我親了她的臉頰跟她道晚安，告訴她隔天要去考試，考完試再來看媽媽。

隔天 1 月 7 日 8：30 考試，吉兒 7：30 就到考場了，7：34 接到爸爸打來的電話「醫院打電話來說媽媽早上 7 點多走了」（寫到這裡，吉兒又泣不成聲了，那是一段吉兒人生最不捨的日子。）媽媽一個人悄悄地在睡夢中走了，早上護士發現媽媽時，已沒了呼吸和心跳。

媽媽不想讓兒孫們看著她離開的情景，她決定自己悄悄地離開人世。

經歷媽媽兩次中風，而第二次大中風的結果是「中樞神經遺留極度障礙，24 小時需要專人周密照護」，我和爸爸、紹兒、兩個女

兒都在醫院簽了「放棄急救同意書」，在無法挽回生命以及無法恢復健康的情況下，我們選擇不插管、不急救。

經歷了媽媽離世這件事，對我和紹兒間的關係有了決定性的影響。

在媽媽過世一個月後，吉兒和紹兒聊到了，未來在這種情況下「為對方做決定」這件事。

天有不測風雲，人有旦夕禍福，我們不知道明天和意外哪一個會先到，在那樣的氛圍下，我們都堅定的希望，若有一天不得不面對心愛的另一半走到這一步，那麼為了她（他）好，你（妳）一定要勇敢做出決定，讓他（她）好好的走。

放棄急救，讓將亡者有個尊嚴。

然而如果我們只是愛侶，到時候並沒有權利做這樣的決定，為此，我們才決定，雙方還是必須取得一個法律上的地位，必須具備民法賦予的夫妻資格。

就是這樣，我們因為要取得為對方做決定的法律資格與權利，真正有了需要婚約那張紙的想法，這一次是為了彼此。

2018 年三月，在我生日那天，就在我一個國中同學，她如今是在地的牧師，在她見證下，吉兒紹兒共結連理，成為合法的夫妻。

Lesson 12

紹兒戀歌

在一個年輕的夜裏

聽過一首歌

清冽纏綿

如山風拂過百合

再渴望時卻聲息寂滅

不見蹤跡　亦無來處

空留那月光沁人肌膚

而二十年後的一個黃昏裏

有什麼是與那夜相似

竟爾使那旋律翩然來臨

山鳴谷應　直逼我心

回顧所來徑啊

蒼蒼橫著的翠微

這半生的坎坷啊

在暮色中竟化為甜蜜的熱淚

席慕蓉【暮色】

✽ 妳是我的人間使命

許多人知道吉兒和紹兒相差 17 歲這樣的組合時，都會很好奇我們是怎麼認識的？我只能回答「故事很長，有機會再跟你說」。

後來我問紹兒「為什麼你對桑妮和我這麼好？」，紹兒回答「當年的桑妮是需要有人伸出援手的」，而對吉兒的愛是因為吉兒是個「充滿愛與能量、光明、溫暖、善良、正向的人」，紹兒覺得非常符合他的正能量，所以很喜歡從桃園到台中吉兒家。

紹兒和吉兒的關係，也從 2013 年 9 月 28 日吉兒到桃園找回紹兒之後逐漸起了化學變化。

2018 年我們正式登記結婚。

那麼，這裡我先把講故事的麥克風，交給我親愛的紹兒吧！

因為他已與我合為一體，成為我的另一半。讓我們一起來聽聽

吉兒另一半的聲音。

　　站在紹兒的位置，當年初相遇，吉兒是怎樣的女子呢？

　　其實紹兒雖然看起來年輕，實際上內裡有個老靈魂。有時候暗自推算，自己大約有七八百歲了吧！

　　所以這一世裡，以年齡來看，吉兒和紹兒是女大男小，但以靈魂的歷程來說，紹兒的「道行」應該是吉兒的好幾倍！

　　「吉兒，是我這一生必須要照顧的人。」

　　這是紹兒今生的任務，這點當紹兒逐漸和吉兒的心靈感應後，他深信不疑。

　　從很小的時候，紹兒就因緣際會進入自我修行的領域。或者說，修行這件事本就是紹兒來到這世上一個清楚被印記在腦海，提醒自己勿忘使命的人生課題。

　　大約國小年紀，他就已經開始能「觀內在」，然後紹兒也逐步成為一個「觀自在」的人。

　　佛光山星雲大師曾說：

　　「觀自在」是觀世音菩薩的另外一個名號，意思是說，只要你能觀照自己，你能認識自己，你就可以自在了！

　　例如，你觀照他人，能夠「人我不二」，你怎麼會不自在呢？你觀照境界，不要「心隨境轉」而能「心能轉境」，你怎麼會不自

在呢？你能觀事，事情千般萬種，我只求簡單，如此怎麼會不自在呢？我觀道理，道理玄妙莫測，我只以平常心論道，又怎麼會不自在呢？我能觀心，心意千變萬化，我只以平常心對之，我又有何不自在的呢？

《人間福報》二〇〇〇年十二月十六日

真正的觀自在是一種「世事洞明，人情練達」，這點紹兒他仍在修練中，然而紹兒自小所做的修練，最終也導引他在 2012 年那年，於冥冥安排中，讓他能夠與吉兒相遇。

即便人世滄桑，有著不同的輪迴交替，在前一世裡，紹兒感覺吉兒當時是由他照顧著且深愛的人，可能彼此是父子或母女關係，或者根本就是一對愛到海枯石爛的戀人。總之，來到這一世，結果是吉兒先誕生在這個世界，又隔了十幾年紹兒才降臨人間。

但年齡真的不是問題，很快地，紹兒就感應到，吉兒就是他這一世命定要找的那個人。

這是他這一世最重要的使命。

*山是山，雲是雲

所以命運的安排自有他的奧秘。紹兒自己都還在學習覺得尚未

能參透，更何況是在他眼中，還需要照顧，讓他有時候看了很心疼的吉兒。

也許，當年吉兒初見紹兒，覺得想要照顧這個大男孩。實際上，在這大男孩紹兒的內心裡，吉兒才是他需要照顧的人。

兩人都充滿愛，這樣的磁鐵陰陽相吸力量如此之大，今生本就註定在一起。

那一年，其實住在桃園的紹兒，和住在另一處他完全陌生台中潭子的女子吉兒，本來是完全不太可能有甚麼交集的。紹兒一方面是個軍人，有他的操練作息，二方面他的個性因為修行也比較恬淡，這樣的他平時根本很少也沒有甚麼興趣去玩那些年輕人愛玩的社交軟體。

紹兒不愛社交，也甚少應用臉書這類的軟體，但命運的安排就是這樣，那天他休假在家，只是不經意上網逛逛，就這麼突如其來的他看見桑妮的大頭像，以及她那灰暗甚至絕望的文字。

原以為她是個歷經滄桑飽受社會打擊的女子，但仔細一看，原來桑妮還是個學生。這小孩子怎麼有那麼大的負能量啊？

紹兒一時內心的不捨，於是就主動在桑妮的頁面上留言。當時的留言其實也只是現學現賣，剛好那陣子紹兒正在研讀卡內基的系列書籍，就把其中一些話語分享給她。結果，桑妮那邊有了正面的回響。既然這些正向言語對桑妮這小女孩有幫助，紹兒這邊就持續

給予正能量支持。

分享的內容大略就像是：

「難過時可以哭，但哭過就算了」、「別把幸福想得太遙遠，它就在此刻」

「幸與不幸，只在一念之間」……

這些都是當時自修卡內基時紹兒自己覺得正能量的句子，當時就分享給桑妮。而不知不覺的，原本是桑妮的頁面，隨著紹兒的鼓舞留言，旁邊又新增其他留言，有的留言則是接續著紹兒的留言做的感恩回饋，漸漸地紹兒發現，這幾個留言的原來都是桑妮的家人，那個叫做吉兒的，原來是桑妮的媽媽。

所以當時和吉兒一家人認識，就是這樣透過臉書的留言串，當時大家只是臉書一群彼此打氣的朋友，隔年在機場正式見面時，全體家人就已經感到像認識很久般契合，也在後來正式加入 We are family 的 LINE 群組。

這之後幾年，是紹兒人生中重要的轉折。他和吉兒的家人相處愉快，讓他感覺到生命中一種難得的溫暖，吉兒一家成為他生活中一個關注的重心，2012 年他為了鼓舞桑妮送上感人的 Hello Kitty 禮物，2013 年則是送給女主人吉兒大大的生日驚喜。同年他因為不想帶給吉兒家困擾選擇離開，但終究命裡的真愛吉兒北上尋他回來，再之後兩人終於有情人終成眷屬，在職涯方面他也做了轉變，2016 年開始遷居台中和吉兒一起，並且紹兒成為一個禮儀師。

不論世界如何的變遷，這些年紹兒看似經歷重大轉折，但內心裡他其實依然很淡定，**他形容我們為人處世，每個人都像一座山，山永遠屹立在那裡，但每天都會遇到雲朵干擾，很多時候可能烏雲蔽日，但終究山是山、雲是雲，雲不能改變山，雲碰到山只會繞過去。**

紹兒覺得他這座山，也許有時還是會因烏雲經過影響心中寧靜。但他始終不改其本性。他依然是那個穩定的紹兒。依然堅定著守護著他的人生價值，就如同他會終身守護著吉兒一般。

＊ 找到對頻的人

修行的境界是怎樣呢？

紹兒其實直到今天，也並沒有去參拜甚麼大宗師，或者報名甚麼十萬百萬的心靈課程，他是從小自己的體悟，並且他已經真正深入內心。

他說，當閉上眼睛時，他的腦海裡明顯的有顆球，球體呈現紫色但散發白色光芒，這顆球伴隨著他成長，曾經他以為人人都是如此，後來才知道，除了修行得道者外，一般人並無法來到這種境界，那是個冥想的核心，紹兒從小就懂得讓自己心靜下來，然後一個人坐著觀想內在。

這讓紹兒個性比較早熟，也能展現一種超越年紀的和平超然。

例如小時候家裡就不平靜，爸媽常有爭吵，甚至發生家暴，但紹兒完全沒有受傷害的感覺，他的態度反倒是，大人有大人的世界，他「不便干預」，也不會心神不寧。到了中學時代父母離異，他比較難過的一件事，是他必須和他最尊敬的哥哥分隔兩地，當年哥哥跟著媽媽，他和妹妹則跟著爸爸。

往後的人生，紹兒是個永遠的和平締造者，他就是有能量、總是可以化敵為友的人。例如他在軍校受訓完，剛下部隊，一個才二十出頭的年輕人處在如狼似虎的老兵和年長軍官間，初始他是被霸凌的，歷經許多折磨人的操練。但當紹兒的同梯其他幾位，因此而感到人生痛苦，心生退意時，紹兒卻在短短不到一個月的時間內，很快就和那些老兵們打成一片，前一週還在欺負他的人，後來反倒都變成他軍中的好哥們。

就是這樣的個性，讓紹兒繼續平靜地做人間修行。

包括 2013 年發生美籍教師言語傷害紹兒事件，吉兒擔心著紹兒怎麼了。但在紹兒這邊其實他只是想「避開負能量」，他不想要妨礙這個家庭，而選擇回歸桃園繼續修行。一方面修行他不想被打擾，二方面他也希望暫時斷了聯絡，希望吉兒家庭回歸本來樣子。所以吉兒來簡訊他看了卻選擇不回。

其實內心裡，當時紹兒已經跟吉兒有種感應，甚至他也知曉吉兒的婚姻處在不快樂中，但終究他是外人，既無能為力，就選擇回歸山是山雲是雲的境界，直到命運的安排，吉兒一心還是想找到

他。既然如此，他一昧地躲藏也違反內心想望，於是就這樣見面了，**這一次見面，他蟄居一段時間的心靈感應就此回復，那種感覺想藏也無法藏，他越來越感覺到吉兒，就是他命裡的那個人。**

那是怎樣的感覺呢？紹兒用收音機來做形容，人與人間，是一種「對頻」的關係，當未能對頻，我們就只能聽到沙沙沙的雜音，而對頻並不容易，要轉動頻道鈕，大部份時候人與人是無法對頻的，就算再怎麼轉動頻道鈕都沒用。但紹兒和吉兒間，如此的自然，頻率就是能對上，事實上，根本就像我們每天早晨起床，一打開收音機，就已經設定好可以聽音樂一樣自然，**紹兒和吉兒的頻率，在前一世就已經調好，這一生相見後立刻對上。**

可以對頻的感覺真的很好，想想，當我們和自家人談話，那是多麼的自然愉快，而若出門在外面對客戶面對旁人，就得用客套以及禮節來「調頻」。

* 所以年齡不是問題

所以對紹兒來說，人生是一場修行。而吉兒是他人生最重要的功課，他的人生使命就是要導引吉兒，提升性靈。

紹兒對人生有個很貼切的形容，他比喻，今天他因為要和一個人約在市區的星巴克見面，他可能開著一輛馬自達車過去。以形式

來說，馬自達是一輛車，也就是個「載具」，星巴克是個地點，就像是人生的不同場景，與人約見面是一件事，跟不同的人見面，就像是不同的緣份。

　　就像馬自達只是紹兒使用的一個載具，馬自達並非紹兒本身。那麼人生在世，其實我們這個身體，也正像是一個個載具，車子本身只是種軀殼，開車的那個人也就是相當於靈魂的個體，才是真正的生命。

　　既然是軀殼，那麼所謂年紀，就好比是有的車車齡較老，有的車比較新一般，都不是駕駛人本身。

　　所以紹兒從一開始，就不覺得年齡是個問題，也從不擔心別人會怎麼看待女大男小的婚姻。

　　當兩個駕駛下車見面，感受到靈魂契合，這才是最重要的。年齡不是問題，心心相映超過年齡，也超越人間種種枷鎖。

　　在還沒遇見吉兒前，紹兒其實也在尋覓自己這一生的功課。他也積極地去認識不同的宗教，最早時跟著家人信基督教，也好奇地翻閱聖經，想了解生命是怎麼一回事，得到的答案人類生存的源頭可以上溯到亞當夏娃，但這就是最後源頭嗎？紹兒認同基督教的愛，但沒有成為虔誠的信徒，他依然在追尋。

　　之後他也陸陸續續去接觸不同的宗教，逐漸發現，其實這世上所有的宗教都是一樣的，核心都是關於愛，只是各有各的路徑與規

則，心中有愛，沒有對錯。

有一陣子，他跟隨家對面的寺廟師父學習，誠心靜修，也改為全素，但一年下來，師父眼看這個尚在發育期的小夥子，卻形體消瘦，他於是點化紹兒，茹素只是一種修練的方式，最重要的還是心誠，心中有愛，就算不吃素，也依然有愛。後來紹兒才回復為葷食。

那段經歷也讓紹兒深深體悟，一切的教義可能只是協助為善的儀式，重點還是人的內心。同理，世間種種的禮教習俗，也只是人為的規範，這整個物質世界都是人們一代又一代創建的，但物質歸物質，人心歸人心，真愛超越物質，真愛超越世間一切的枷鎖。

所以紹兒真心愛著吉兒，不受到身邊所有人的影響。

這就是以紹兒觀點所看見的吉兒，也因為沒有前提，沒有「但是」，這一切都那麼自然，所以紹兒和吉兒在一起，就算是女方比男方大十幾歲，也就不會是問題。

Chapter 5

幸福篇

你的幸福，
是我一生的習題

Lesson 13

怎樣才是幸福

在年輕的時候，如果你愛上了一個人，
請你，請你一定要溫柔地對待他。

不管你們相愛的時間有多長或多短，
若你們能始終溫柔地相待，那麼，
所有的時刻都將是一種無瑕的美麗。
若不得不分離，也要好好地說聲再見，
也要在心裏存著感謝，
感謝他給了你一份記憶。

長大了以後，你才會知道，
在驀然回首的剎那，
沒有怨恨的青春才會了無遺憾，

如山岡上那輪靜靜的滿月。

席慕蓉【無怨的青春】

✳ 一個愛家的好男人

幸福是人人都在追求的，卻也沒有一個標準答案的課題。

曾經，吉兒以為遇到那個同年同月同日生的人，是她一生的幸福所依。上天如果不是要讓她幸福，為何要讓那個人出現在她生命裡？難道種種的巧合，溜冰場的相遇以及生日同一天，都只是一種偽裝，目的是要讓吉兒經歷後來那麼多年的還債煎熬？

如今吉兒已然知道，**生命是個功課，其中雖然有苦楚，並且最後她與他必須仳離。但這中間也有許多的甜蜜，並且孕育了一對可愛的女兒。當往光明面想，其實幸福快樂時光也是不少。**

曾經，吉兒以為心中有愛，無私的付出，就能帶給自己幸福。但後來也知道，自覺「心中有愛」，整個形式卻不夠自然，那最終不但自己不會快樂，甚至自以為帶給對方快樂的那個對方，其實也沒感到快樂。所以**人是互相的，為愛付出，不求回報，這是一種境界，但如果讓自己沉浸在此，那反倒變成是一種執迷。**

如今吉兒已然知道，愛不能強求，發乎自然，過程中不能委屈

自己，也不能強迫他人。但這之間的分寸如何拿捏，吉兒在與紹兒結為連理，也真正進入人生的進階學習後，有著更多的體悟。但真愛不變，只是愛別人時也懂得更愛自己。

以吉兒和兩個女兒的相處為例，吉兒的管教方式，是採取尊重的方式，從來不會強迫孩子，如同 Lesson 5 所說的，只有在教育方面，會希望孩子在中文英文等科目打下基礎，畢竟孩子年幼不懂事，不能一昧放任孩子照自己的想法走。但大部份的時候，吉兒都把女兒當成自己的好姐妹一樣相處。後來吉兒本身從事保險業，再之後投入健康產業，之前吉兒在保險產業經營的人脈資源，也轉而讓女兒承接。如今兩個女兒都加入媽媽服務的保經公司，也做出不錯的成績。

再以紹兒和吉兒的相處為例。紹兒，原本是吉兒大女兒桑妮的朋友，現在紹兒變成媽媽的「老公」，平日相處有沒有甚麼影響？答案是完全沒有。沒有尷尬，沒有任何不自然。如同紹兒常說的，每個人如今的身體及外表，都只是靈魂的載具，都不擔心世俗眼光中的女大男小了，日常生活相處也不會去自尋煩惱，拿傳統親族輩份關係來作繭自縛。

家人就是家人，我們一家四口總是和樂融融。並且兩個女兒也都是二十多歲的成年人了。

但生活中終究需要溝通，即便紹兒和吉兒心心相印，也並非彼

此是對方肚子裡的蛔蟲，很多事情還是會有意見不同，只是都能理解包容。更何況和兩個女兒間的互動？

在這方面，紹兒在家並不會行使甚麼「男主人的權威」，但依然有很多需要溝通的地方。例如紹兒若覺得女兒都那麼大了，卻依然有時候會希望媽媽幫她們做這做那的，可是有些事不能自己做嗎？紹兒會跟吉兒討論，然後間接的讓女兒知曉紹兒的感受。

紹兒平常也對吉兒深切呵護，彼此不會有爭執，但唯一讓紹兒覺得必須強勢一點，對吉兒發出「告誡」的，都是跟吉兒安全有關的事。例如紹兒就「嚴禁」吉兒夜間開車。

那是因為吉兒二十多歲，也就是當年準備披上嫁衣和連仔結婚時，不巧她的眼睛可能因為過敏或不知名因素，無法戴隱形眼鏡，一戴眼睛就紅腫難受，但吉兒本身近視有一定的度數，可是很少看到戴眼鏡的新娘吧！為了結婚需求，吉兒當年就進行了水晶體雷射手術。至今留下的後遺症，就是隨著年紀漸長，水晶體也自然老化，當年的手術切割讓吉兒夜裡看東西眼睛會有炫光的情形，好比說看到紅綠燈，正常是一個紅燈，但吉兒眼中可能會有好幾個紅燈在發光，這樣開車當然很危險。所以後來吉兒比較不能從事保險工作了，主因就是因為很多時候夜晚要拜訪客戶，但夜裡開車不安全，總不能每次都請紹兒載，因此也就逐步把自身的保險客戶都轉交給兩個女兒。而紹兒會生氣的情況就是若夜裡需要一起出門，有時候他覺得為何女兒不能體諒媽媽，要讓媽媽開車？

總之就是這類讓紹兒既心疼又生氣的狀況，才會讓脾氣溫和的紹兒「不悅」起來，平常時候，八風吹不動，心情靜如止水的紹兒，是典型的愛妻好男人。

這就是屬於吉兒的家庭幸福現在進行式。

＊ 愛自己就是幸福的

但家庭就是幸福的核心嗎？難道一個單身的人，或者婚姻沒像吉兒與紹兒這般如膠似漆的夫妻就不算幸福嗎？

其實，幸福跟家庭有很大的關係，但真正的主宰還是自己。

吉兒本身如今有幸福的婚姻，但也看到身邊不同情況的人，有著各自的幸福，例如也有保持單身，但跟男性保持親密關係的女企業家，過著自由自在也可以四處翱翔的生活，也有比較追求性靈生活，選擇去西藏參拜，或遁入空門感受宇宙間寧靜的人，她們選擇融入一種超凡脫俗的大愛，只要內心感受到幸福，那就是幸福。

吉兒自身也是平凡人，但對於幸福，在經歷了三段婚姻，以及包含媽媽過世以及職場打擊的種種後，**吉兒真心感受到，幸福來自於自己，唯有自己可以給予自己幸福。**

就像身邊有紹兒，如果吉兒自己心有罣礙，故步自封，不敢接受這段感情，那吉兒也不會幸福。正如吉兒的第二任先生，那位美

籍老師，明明有著吉兒對她無私的愛，他卻因為自己的防禦心不敢相信這樣的幸福，最終也就無法得到幸福。

另外假定吉兒只有心中有愛，卻無法讓現實生活的條件搭配好，那也無法造就幸福。好比說，不好好打扮自己，每天穿著鬆垮的衣服，也放任自己身材變形，以為反正男人愛她的心不是她的身，這樣子下來也會離幸福越來越遠。

並非人們執著於美貌的表象，而是因為若連自身形象都不想維護，那根本是一種對人對己的基本不尊重，就算心中有愛，因為這一塊自以為不拘泥凡俗形式，實際上卻是跟對方展現著，我只顧自己舒服，你愛不愛隨便。（這裡談的，不包括身體健康問題造成的身形）

或許，歷史上所謂「東床坦腹」以及竹林七賢放浪形骸的故事，被誤導成那樣叫做瀟灑不羈，實際上，那些歷史典故都有不同深意，例如竹林七賢其實是為了對抗當時的社會亂象，所以刻意讓自己形象不端。但放諸到現在的男女交往，就算夫妻多年，女方也不該放任自己變成黃臉婆。而就算像紹兒這般，覺得靈魂最重要，身體只是軀殼，但他永遠會以最好的形象面對吉兒，因為既然這一世就要配上這個軀殼，就像車子也該好好保養一般，他要讓這個形象維護好。

所以 2013 年 9 月當吉兒北上桃園找紹兒時，他那時就穿著一身正式的西服，還手拿鮮花，在愛人面前我們永遠都要展現最美的

一面。

　　因為我愛他，所以要為他而美。

　　其實吉兒到今天，平日只是上點隔離霜，從來不會濃妝豔抹，那是因為吉兒本身的風格是比較走自然風，並且也重視養生，因此肌膚保養得宜反倒不需要化妝品來破壞膚質。但整體對外任何時候，總是潔淨端莊，吉兒依然是吉兒，不會因衣裝變化而改變。

　　但吉兒對人的尊重，還是可以從衣著裝扮上被看見。

　　吉兒對紹兒的尊重，來自於吉兒先對自己尊重。

　　這表現在三方面：

第一是形象（包含穿著打扮，以及展現的氣質）

第二是學習（吉兒永遠積極上進，透過學習讓自己成長）

第三是健康（就算有年齡差距，吉兒用心運動與保養，讓自己
**　　　　　外表比實際年齡小至少十歲）**

　　關於學習與健康，我們下一篇會來分享。

　　這裡強調的，不論是形象、學習與健康，都是源自於那顆真誠的心。

　　因此吉兒和紹兒是恩愛夫妻，相處是一種幸福。但有單身的女企業家，她能夠實現自己夢想，用「心」過生活，所以她的人生也

是幸福的。同樣道理，那些走在信仰路上，追求心靈新境界的，既然是以心為道場，他們也會是幸福的。

不論你是學生、老師、上班族、軍人或家庭主婦，也不論你是男生、女生，異性戀、同性戀、單身或戀愛中，更不論你是怎樣的年齡，怎樣的國籍，怎樣的職業，怎樣的生活資歷。

吉兒「真心」的認為，只要你此時此刻願意「用心愛自己」，那你就是幸福的。

＊關於愛己與愛人

如果說愛自己就是幸福，那聽起來簡單，為何這世上有那麼多人不快樂呢？

那是因為，我們在世上無法獨處，總要隸屬於某種團體，從原生家庭，背後的家族、到上學後的同學，到工作後的客戶與同事。

所以幸福分成兩段，第一段肯定就是「愛自己」，第二段是在愛自己的同時，也要學會如何愛別人。

這也是吉兒一生在學習的功課。

我看到很多人太過自卑，或者相反地，有人太過傲慢，前者太不愛自己了，後者是太過自我中心了。這二者都得不到快樂。

我也看到有人，總是面對別人委曲求全，或者一昧地犧牲自我成全他人，自以為是美事，卻落得兩面不討好，自己永遠不快樂，對方也同樣不快樂。

這裡吉兒和紹兒各自代表兩種典型的例子。

吉兒有三段婚姻，秉持著愛人的天性，我對第一任丈夫和第二任丈夫付出很多的愛，並且因為愛得太深，反倒失去了自己，那個傻傻的在雨夜中迎接連仔的女孩，後來依然是個傻女孩，長期以來當個逆來順受的女人，直到先生賭性堅強無藥可救才悟到要找回自己的人生，但青春已經因此虛度；那個傻傻的，當滿心歡喜跟美籍老師宣布可能有喜訊，卻慘遭對方用分手來對待的單純女子，真的讓自己委屈到極致（相信讀者那時讀到吉兒哭求美籍教師的情節，也會有點義憤填膺，說這個吉兒怎麼那麼傻）。總之，吉兒有強烈的愛人之心，卻花太少的精力關愛自己。當我自己受傷了，又如何能去愛人？

認識紹兒後，在他影響鼓勵下，我已經懂得多愛自己。

再以紹兒的例子，他是如此性情隨和的人，他有在做修行，也不那麼在乎外界的看法。這樣的他，懂得愛自己，因此也比較不為外界所傷。所以他不論小時候遭遇父母離婚，或者軍中有遭遇霸凌，都能夠平心靜氣化解。當這樣的愛成為天性，他也成為職場上一個受歡迎的調和者，例如他在生命禮儀產業，也是擔任一個小主管，底下管理著個性截然不同的人，紹兒可以做到前一分鐘跟某甲

談話，用比較溫和導引的方式，後一分鐘跟某乙講話，就改為比較哥兒們豪氣鼓舞的形式。不是因為紹兒是變色龍，而是因為他的心已經可以收放自如，中心有愛，對人也有愛，在這樣前提下，他面對任何人都可以愉悅因應。

所以大家眼中的紹兒，才會總是如此樂天開朗，因為他真的就是有顆美善的心，愛自己也愛他人。

吉兒也深愛著這樣子「愛吉兒也愛自己」的紹兒。

然而「愛自己」這件事雖然可以修練，「愛別人」依舊要考量到不同的人際關係以及個性。

以紹兒如此天生願意愛人的天性，他也依然有著暫時無法突破的關卡，好比說對於自己母親，一個理當是生命中最重要的人，紹兒卻有著溝通上的某種衝突。現實生活中，母親雖是生養自己的人，但從小因為父母離異，之後他從軍本就跟家人聚少離多，到了長大後雖有住在一起，但交談也無多。當面對這樣的母親，血濃於水是事實，但心靈難以有交集也是事實。紹兒也坦言，關於和吉兒結婚這件事，全世界的人他都不在乎，但再怎樣超凡脫俗，也不可能放掉天生的血脈關係，而偏偏就是老一輩的母親，觀念上還是無法理解兒子為何要和一個年紀比自己長那麼多的女子結婚？

也因為溝通上的隔閡，紹兒又選擇在這方面不去太過經營，所

以關係就比較會僵在那裡。

　　這也是未來吉兒和紹兒要共同面對及克服的問題。

Lesson 14

新的一年的重要改變

美麗的夢和美麗的詩一樣

都是可遇而不可求的

常常在最沒能料到的時刻裡出現

喜歡那樣的夢

在夢裡　一切都可以重新開始

一切都可以慢慢解釋

心裡甚至還能感覺到所有被浪費的時光

竟然都能重回當時的狂喜和感激

胸懷中滿溢著幸福

只因為你就在我眼前

對我微笑　一如當年

我真喜歡那樣的夢

明明知道你已為我跋涉千里

卻又覺得芳草鮮美　落英繽紛

好像你我才初初相遇。

席慕蓉【初相遇】

＊ 迎接新的挑戰

2020 年發生了很多事。

這一年整個世界天翻地覆了起來，如果說，不論歐亞非美澳各洲各國，從原本高高在上的皇族到每個普羅百姓，無論貴賤，人人都有被新冠肺炎病魔盯上的危機，也因此不分種族的每個人，日常生活都被迫改變。那麼我們處在這小小島上的庶民們，自然也難以安適。

原本為了照顧母親，我從事著保經業務工作，我是個過往沒有業務底子的人，但當時為了要度過家中的難關，咬緊牙關，我拚出了潛能，僅前三個月我就達到 FYC 30 萬。然而業務戰場畢竟不是那麼符合我本性，媽媽的事讓我憂煩，後來她的離世更讓我傷心憔悴，從 2018 年接連著先是媽媽病逝，之後我和紹兒感知到家庭關

係的重要，步入婚姻，這之間種種的人間俗事，喪禮以及心情調適，我依然從事保險服務工作，但業績就只是勉強維持著，加上我的眼睛狀況實在不行，夜裡根本難以出門，所以到了 2019 年，我就已經開始在物色其他工作。

實在說，這世間本就是現實與理想各分兩邊，以商場來說，更是經常有兩套標準，諸如表面上是為照顧消費者福祉，追求地球永續等標榜著高尚目標，但大部份企業營運的背後，賺錢謀取股東福利才是真正第一考量。

職場上，更多的是強調工安、性平、員工福利等，實際上當有影響到資方利益時，也就會淪為表面說一套，背裡做一套。最典型的，就是關乎年齡的天花板，特別是對女性尤其明顯。我自己過往，可以非常自信的說，以我的專業及認真，我從來不擔心找不到工作，幾乎也不用寄履歷，每次轉職，資方都熱烈歡迎我的到來。但 2017 年是個分水嶺，那年我滿五十歲了，之後我明顯感受到職場的那個隱形的天花板。

明明具有實力，但寄了幾十封履歷都石沉大海，根本連個面試機會都不給，那就表示對於我的履歷，對方看都不看我的專業資歷，直接看到年紀那欄就刷掉。好不容易有機會去到一家潭子加工區的企業，結果去了才五天就因老闆「自己主觀認知」問題，我還沒能發揮實力，就被請出門。

然而就在 2019 年年底，還真有一家公司看起來是很有誠意要

聘用我，後來我也真的去報到，但這一次不是公司端的偏見問題，而正就是 2020 那個席捲全球的新冠肺炎，衝擊了各國的企業，最終也衝擊到我的職涯。

那是一家自行車皮革坐墊公司，原本我過往的貿易開發資歷很被看重，甚至被看做是公司拓展的一個重要契機，我也確實很珍惜這樣的機會，認真學習公司的產品線以及這個產業的種種製程環節及發展趨勢。

第一個目標是 2020 年春季的世貿大展，1 月時情況都還好，過年時候還期許著今年事業蓬勃，但年後不久就已感到風聲鶴唳，報紙天天出現的都是壞消息，看著老闆蹙眉的表情，我的心也緊繃在一起。不幸地，疫情的發展超乎世人的預料，短短時間內，各國紛紛傳來嚴重疫情，封城鎖國入出境須隔離檢疫等等，於是我原本抱著最大期望的戰場，也在這樣的大環境下，不出所料所有展覽活動皆暫停。本來我雖暫時無法發揮專長，但至少我本身國貿實力還是有的，可惜公司本身受到這樣大的衝擊後，業績衰退，最終被迫必須裁員。比起其他都是十年以上的資深員工，我這 2020 年 2 月初過完農曆年才加入的新人，自然是第一個被告知無法續聘的對象。

就這樣，2020 年 5 月我失業了。並且面臨著雖有一身本事，卻受限於女子年齡門檻，整個失去戰場的困境。同時間紹兒繼續在他的生命禮儀公司努力付出，但身為普通上班族，薪水並不算多，且每月有固定的輪值，經常半夜還需出勤，看著他那麼辛苦，半夜回

來，神情疲憊一身都是臭汗，我也很捨不得。

年過五十的我，該怎麼找到新的發展契機呢？

外表柔弱內心卻堅強的我，並不服輸。我一方面依然有機會還是會投入保險做服務（但盡量將資源轉給我女兒），二方面也積極尋求新的發展機會。

就在 2020 年年底，我因此接觸了兩個影響我事業的新園地。

一個是新生命電商傳銷，一個就是佳興成長營。

* 加入新生命電商

吉兒本身是商學科系畢業，之後就專心投入我最熱愛的國貿工作，在貿易公司以及企業的貿易部門，服務奉獻了二三十年，這之間，也或多或少在和同學朋友聚會時，接觸過一些傳直銷的產業，吉兒本身沒有特別排斥，但我本身個性比較屬於安定踏實型，主要透過文書作業來拓展國貿業務，直到 2017 年以前，都沒有從事業務性質工作。

而當我和紹兒在一起，人生也有了新的展望後，對自己也有了更大的期許。我也試著去突破人生的舒適圈。我也可以透過拜訪陌生人，提供保險業務服務。而也因為在保險這個產業，認識了很多

業務實戰領域的貴人，學習了很多業務技巧。其中一個影響我很大的同事兼朋友，就是我在保險公司的直屬上司李大哥。

所謂朋友，就是除了在共事時可以彼此互相協助扶持外，也願意關心你的生活好壞的人。這位主管就是不時會關懷吉兒現況的人，那天他約吉兒和紹兒出來，想聊聊我們的發展現況，當時除了禮貌性地噓寒問暖外，我印象最深刻的，就是我眼前的這位李姓主管，竟然「變年輕了」。

也就是經過和他了解，才知道這位主管，在經營保險工作之餘，也加入一個電商平台，並且使用該平台的產品有一陣子了，他如今的健康以及外表，都跟使用那個產品有關。

初始我以為電商就是傳直銷，但這位主管告訴我，電商和傳直銷是不同的概念，制度設計上完全不同。**但共通的一點，都是要經營好自己，然後做到分享。**但先不管背後的商業機制，光以每個人自身來說，如果可以找到一個好的產品對自己健康有幫助，那麼不論這產品是來自傳直銷、電商或者是傳統通路，我們去做進一步認識，也算是增長知識見聞。

就這樣，我和紹兒一起加入這個電商平台，也經常參與平台的活動。

這個平台就是新生命電商（New U Life）。

吉兒當初會對這個平台有興趣，除了因為有那位主管具體的見

證，之後在平台也看到許多令人驚訝的實證外，也因為該平台的理念符合我。對吉兒來說，什麼是幸福，最重要的是把握每個當下。但若以價值定序來看，我要說：

幸福比成功更重要

健康又比幸福重要

關於這，吉兒下一篇會具體說明。但總之，新生命電商的基本企業理念是符合我的思維的，新生命電商致力於**為個人和家庭帶來動力，踏上實現全身健康之旅**。這裡強調著：**因為每一個人都值得擁有年輕健康的生命，享受財務自由。**

這中間有幾個關鍵字眼：個人與家庭（二者要兼顧）、年輕健康（這是超越財富及事業成就的一個人生重點）、還有財務自由（站在年輕健康的基礎上，我們還是希望追求財富）

也就是因為基於這幾個重點，吉兒和紹兒，當下就決定參與這個平台，也希望在我們得到健康方面上的驗證後，更能有機會幫助別人。

＊佳興成長營

而同樣是在 2020 年底，也同樣是在 2020 年十一月，事實上，也就是同樣那位保經公司的主管李大哥，他也引領我們參與的另一

個平台，就是佳興成長營。比較起來，在這裡的學習，帶給我生命更大的啟發及影響。

我如今的重要的心靈啟發就是黃佳興老師。

佳興老師讓我很感動的特質，就是他的熱情與專注，當我一和他初次見面，雖然過往素未謀面，但他就有一種直透人心的吸引力，來自於他真誠的眼神，以及他可以看出妳一路走來的辛苦，而他願意去理解妳以及協助妳的那種感動。

和他認識後，知道佳興老師雖然年輕，卻已經歷經滄桑，曾經在生命不同階段遭受過重大打擊，但每次都依然可以重新站起，如今他立志打造一個全亞洲甚至全世界最大的培訓平台，他說他這輩子只要專注做好教育這件事，因為透過教育才能從根本改變一個人，就好比人們說的「幫助人，與其給他們魚吃，不如給他們釣竿，並教他們如何釣魚」。

當聽到佳興老師用熱誠的語氣喊出他的使命，我真的受到感動，他說他要：

用一輩子時間為世界創造幸福。

他的使命也深深影響我，各位讀者面前的這本書，正就是佳興老師給予吉兒打氣鼓勵，因此才讓我鼓起勇氣，願意把自己的故事與各位讀者分享。我也真心希望我特別的經歷，可以帶給各位讀者，正向的思維，也因此可以對每個人的幸福人生有所助益。

吉兒也是和紹兒共同加入佳興成長營，基本上，我們如今是同進同出，彼此都無條件支持對方的選擇，也願意一起追求共好。

也在佳興老師的教導下，吉兒已經努力去突破舊有的舒適圈，願意試著跟這個世界對話，跟更多的陌生朋友展現自己。具體來說，吉兒要學習公眾演說，並透過不同的方式來影響這個世界，第一是透過面對面交流，從一對一拓展到一對多，第二就是各位讀者面前這本書，透過出版品將正向的語言放進去，希望茫茫人海中，只要有任何一個人今天或未來某一天，可以因書中某句話而得到啟發，刺激他的正向人生，那這本書就值得了。第三，則是結合更多的現代科技平台，如各類自媒體等等，這部份我跟紹兒都還在積極學習中。

關於幸福，這裡我也分享佳興老師強調的五大能力，包括銷售、領導、達成目標、建立系統和公眾演說，這就是佳興老師所說的五大幸福競爭力，也是吉兒和紹兒要用一生持續追求的能力，這些都是過往吉兒和紹兒比較缺乏的，從前的我是長年坐辦公室的內勤支柱，紹兒則很長一段時間從事軍職，現在我們都要去挑戰必須具備抗壓性的銷售分享，也必須懂得設定目標，突破以前那種薪水為本的職涯觀念。在事業成就和理財能力做出成績。

2020 年，就是新生命電商和佳興成長營，這兩個重要的平台，影響我和紹兒的未來。

Lesson 15

所以甚麼是真正的幸福

不要因為也許會改變，

就不肯說那句美麗的誓言，

不要因為也許會分離，

就不敢求一次傾心的相遇，

總有一些什麼，會留下來的吧，

留下來作一件不滅的印記，

好讓，好讓那些，不相識的人也能知道，

我曾經怎樣深深的愛過你。

席慕蓉【印記】

＊ 吉兒所學習認識和體驗的愛的價值觀

關於幸福。

分成很多個境界，透過人與人間的交流，我們可以了解到更多的境界。例如，在與紹兒認識前，我的幸福比較單純，也比較直接，到如今我也依然相信這樣的幸福，亦即「當我願意付出愛與關懷，帶給別人快樂幸福的時候，我也會快樂幸福」，只不過在認識紹兒後，他帶領我的新思維，是關於心靈層次的，這點我也在這裡和大家分享。

先來談談我原本的幸福觀：

● 愛與付出就是幸福

這點我至今依然深信不疑，我曾愛過卻得到負面的回饋，也曾越愛越感到傷心，即便如此，我依然不改我的處世價值，任何時刻，我和任何人相處，例如在一個社交場合或者像新生命電商的聚會場合，若有機會結交新朋友，我總是內心會想著，我可以為對方做些甚麼。這件事已經成為一種習慣，也因為這樣的愛基本上是無私的、是真誠的，我也讓對方感受到一種溫暖。這種溫暖，不論是面對面，甚或只是書信往來都一樣。

所以過往時候，我在貿易界服務很久，經常我的客戶都跟我粘著度很高，即便後來離開那些企業，很多人都還可以跟我是朋友，

我在海外有很多外國友人。也包括之前在保險產業服務，我雖是保險本科系畢業，但是投入保險銷售服務算是新人，我也是靠著自己這樣的特質，讓客戶信任我，願意將終身保單託付給我。至今，我也秉持著責任感，我雖主力不在這行，但已讓我的兩個女兒承接業務，她們和我都可以繼續為保戶服務，等於客戶一下子擁有三位專業保險經紀人。

所以愛與付出，是我的特質。

但必須特別強調，愛與付出沒有預設立場不求甚麼回饋做報償。

● **愛與付出需要智慧**

我依然天性是具備愛與付出的女子，但身為一個歷經三段婚姻的女子，我也要跟讀者強調，愛與付出得有智慧。

這樣的智慧不是說要去算計甚麼，但真的不要一頭熱的去愛與付出。

關於愛人，吉兒和紹兒都是愛與付出型的人，但對於愛的給予，這部份紹兒跟我不完全相同，在紹兒眼中，我就是個現代「德蕾莎修女」，但其實在我眼中，紹兒更是上天下凡的天使。

我的愛是人間的境界，他的愛簡直是神的境界。

例如當年，紹兒就是願意無私地為陌生人付出，後來才認識吉兒一家，現實生活中，直到現在都是這樣，紹兒是個隨處隨地都樂意做公益的人，即便媒體報導各式各樣的愛心詐騙，但他依然寧可

相信每個人都是善的，所以他總是在經過地下道或者走在都會街頭，看到賣玉蘭花的、身體殘障困坐草蓆的、或者家貧街頭賣藝的，他都會不吝付出金錢，這也是平日清心寡慾的紹兒，一個日常生活中常態的「開支」。

他曾跟我說，有時候走在路上，看到有穿著還不算落魄，但卻帶點焦急語氣到處在路上借錢的男子，總是對著路過行人問說，可不可以借他 50 元讓他搭車？其實依照經驗，這類的人多半是詐騙。當時紹兒就只是匆匆路過，或者彼時身上剛好沒有零錢，所以他就不去管那個人。但走著走著，這件事卻盤據在他心頭，他心想，也許這個人真的有困難，也許 50 元就是那個人的關卡，若那個關卡過不去他就會想不開。一想到這，紹兒於心不忍，他就會回過頭來去找那個男子，然而走回去時再也找不到那個人，於是紹兒內心感到非常「惆悵」。

相對來說，吉兒覺得自己不是那麼大愛，雖然也會跟紹兒共同參與各類的慈善公益活動，但吉兒主要愛與付出的對象，還是自身周遭的親友。吉兒的缺點，就是往往這樣的愛與付出，太為對方著想，如同在 Lesson 8 我也說過，我自己是「實在太愛別人，卻忘了愛自己。」

如何能夠在自己能力範圍內，在不違背自己的價值觀前提下，真正做到愛與付出，讓對方感受到實質助益，也讓自己感到快樂，這是一個必須要學習的課題。

● 我有我愛的方式，但也希望對方理解

大家都知道，每個人專長不同個性不同喜好不同，但卻仍時常在生活中，忘記這件事，而用不同基準比較來傷害親愛的人。

例如很多朋友成長期間或家庭生活，都可能碰到「被比較」的困擾，小時候爸媽可能說，人家隔壁的小明每次考試都拿獎狀，你怎麼那麼沒用，總是成績不佳。但實際上有的人可能不是讀書的料，但有其他專長項目，不可一概而論。或者太太對先生嘮叨著，唉呀！你在這家公司都服務三年了，人家隔壁王先生上個月又加薪了，你怎麼永遠薪水袋就那麼薄？卻沒提隔壁王先生是在上市科技公司當高階工程師，而且經常得沒日沒夜爆肝加班。

以上還只是關於物質世界上的比較，反正就是比誰的分數高、賺錢能力強。但更多時候，人與人間相處，還有精神世界的比較，那更是很多誤會的源頭。

例如很多女孩子，容易被甜言蜜語所打動，然後就一顆心獻給了那個很會講話的男孩。但實際上，透過話語讚美，這是一種常見「愛」的方式，卻不代表人人都是用這種模式，例如有人不愛說話但會具體行動表示，或者有人不擅長在情人節獻上大大驚喜，甚至連妳的生日他都記不起來，但他卻會腳踏實地且力爭上游的賺錢養家，讓妳生活衣食無缺。**如果愛情生活中的兩人，老是拿「別人」來比較，認為若另一半不怎麼樣，就代表不愛自己，那往往是許多情侶甚至夫妻爭執的導火線。**

不只是愛情如此，包括一般家人相處，或者好友相處，更別說是其他各類的人際關係，既然**我們不了解對方個性，就更容易因為「拿自己標準去套用在別人身上」而帶來不愉快**，所以吉兒和紹兒也都在學習著，當我用我的方式愛你的時候，不要預設立場，以為對方將來也會採取這種方式對你，人有錯誤的預期，就會因失望而結怨，這是沒必要的自尋煩惱。

這也是我們在追求幸福路上，一定要認知的關於愛與個性差異的課題。

＊ 愛與尊重的關係

吉兒雖不是社交經歷豐富、閱人無數的人，但自身的經歷也算是跟不同年齡層都有過愛與交流的歷練與學習。

最典型的愛，是子女與父母的愛，這是兩個世代間的愛。包含我跟我的爸媽相處，婆媳關係相處，也包含我如何教養兩個女兒。

世間最常講的則是男女間的情愛，我則經歷過跟我同年同月同日生的同齡之愛，以及分別是男大女小，女大男小，且都是年齡有相當差距的跨世代愛情。

我的整合經驗分享：年齡不是問題，個性才是問題。

個性合，就算彼此相距二十歲，也可以相談甚歡，所謂忘年之

交就是如此。而個性不合，就算同年同月同日生，若不去深入了解對方，也會帶來不愉快。

了解個性，以及因個性不同產生的喜好價值觀，真的很重要。

像我和我最心愛的媽媽，我們的個性及生活習慣就截然不同。媽媽是烹飪好手，她無時無刻都會把小孩照顧得好好的，餵飽每個孩子的胃，也用愛填滿每個孩子的心。

但我和我媽媽表現出來的做法不同，難道我就沒有愛嗎？不是的，只是個性不同，愛的展現形式也不同。

像我就不是那種三餐為家人款待滿滿一桌的那種家庭主婦，忙碌的我們，彼此間的關係也難以做到天天細心呵護。但我用我的方法愛我的子女，我用我的方法照顧我的家，我總是讓整個家乾乾淨淨的，打掃清潔是我的天性，甚至在我生涯最忙碌的時候，既要上班又要照顧孩子還去學校修課，但我依然找出時間，每週一定撥出時間，把我那個四層樓透天厝，仔細打理，那段時間我都是犧牲睡眠用半夜時間做事，可能一次兩個小時，分三天完成，但就是讓家裡永遠潔淨清新，是孩子很好的生活環境。

這是我的方式。

如今回想起來，我的三段婚姻，也搭配三種個性的男人。

第一任丈夫連仔，最後雖以離婚收場，但他不愛我嗎？其實在婚姻期間他還是愛我的，我可以明確地說，連仔除了賭博這個惡習

外，他在其他地方沒有對不起我，從結婚開始，他就把錢都交給我管，十年下來他都全權讓我負責家政大計，即便有債務，也都是先把薪水給我，再由我這邊做財務分配。他沒有拈花惹草，也沒有家暴或者對我惡行惡狀，他對兩個孩子有時間也會盡到疼愛。是直到最終他被債務逼到跑路，才無力再來負擔家用。**但我相信，連仔有他愛我以及愛這個家的方式，甚至他賭博也有他背後的原因，只是我自省我真的不夠了解他，不知道為何他會如此陷溺賭的情境。如今的我依然感謝他，在我青春年代賦予我的愛。**

第二任丈夫美籍教師，跟他從認識到最終離異，這中間其實也長達十二年，老實說，和他之間緊張或不愉快的時間可能佔去大部份時間，可是如今回首平心而論，和他在一起自然也有很多歡樂的時光，當他愛我的時候，也是全心對待，跟他享受美食，跟他出國旅行，此外，長我十幾歲且身為教授的他，也對我智慧成長有很大的幫助。跟他之間後來的裂痕，更是明顯的，就是因為彼此個性不合的關係。這部份，可能有太多根深柢固，是難以挽回的，就算再回到從前，要我跟他重來一次，我也無法改變甚麼，他就是這樣的具備防禦心，我就是這樣只知道付出卻無法真正融入他的心靈。但我也還是很感恩他，他也曾帶給我幸福的歲月。

現任丈夫，年紀小我十七歲的紹兒。也是我要持續用心關愛但也要懂得尊重彼此的對象，簡言之，我們既要相愛也要彼此學習。

學習甚麼？學習當發生衝突時該如何因應。

● 如果意見相左該怎麼辦？

從我以前經歷，我已經知曉，**有意見不一致，絕對要第一時間溝通，不要你忍我或我忍你**，這也是我要跟眾多讀者分享的夫妻或情侶相處之道：有事一開始就講清楚，不要有一方過度委曲求全，否則長期下來，一方明明不喜歡，卻要強迫配合對方，不但心中不滿沒有消除，反倒日積月累有一天引爆，另一方則「一直以為」你可以接受他，哪天你忽然爆發了，他還感到莫名其妙，怎麼回事？你「以前都可以」，現在怎麼不可以了？難道你變心了？

所以吉兒和紹兒雖然經常夫唱婦隨（或反過來說婦唱夫隨），但也絕對保有一定的各自空間。例如，吉兒追求養生，我有我每天的飲食習慣，我會「希望」紹兒照我的理想健康飲食建議吃東西，但絕不會強迫他，至今，他和我大部份時候因工作每天其實三餐經常各自解決，他也時常吃垃圾食物。我們不會因此不愉快。此外，很多活動我都陪紹兒參加，但有時他想去困難度較高的地方，例如去劍龍稜攀岩，我都尊重，不會黏著他不放，更不會一天到晚查勤。

● 何時該強勢？何時該退讓？

這點也是生活中的智慧。常常看到電視中演的一些小女人角色，總是對丈夫百依百順的，最終卻落得被小三搶走婚姻的下場，

讓觀眾憤恨不平。但現實生活中，一個「百依百順」的女人就是全天下丈夫最愛的人嗎？初始可能每個男人都以為自己喜歡這樣的女人，但生活久了就會發現非常「無趣」。

一個人為何愛一個人，不只是愛他的長相身材，更應該是愛他整個人，包含他的個性內心以及種種人格特質，如果這個人後來變成一切只為你而活，當他已經不是他了，那還是真愛嗎？那就好像愛上一個被設定好指令的機器人。試想，假定有女孩子喜歡 007 電影裡酷帥有個性的男主角，後來那個人真的成為自己的丈夫，但結果外表雖沒變，個性卻變成一個對妳畢恭畢敬極度討好妳的軟男人，這樣還值得愛嗎？

我在過往婚姻關係上，最常犯的錯，就是不夠強勢，太愛對方，而失去了自己的個性。如今我和紹兒相處，吉兒相信紹兒愛上的就是真正的我，**我在他面前展現的是我原本生活的樣貌，我沒有特別為他做出矯情的改變。**而他對我大部份時候百般呵護，但一旦覺得我做錯事，特別是他感到我在傷害自己，例如太過操勞，壓力很大還不休息，當這樣的時候，他就會強勢起來，如同他的話語：「吉兒在我心中還是個小女孩，除了照顧她，有時候也要適時的引導幫助她」。

身為一個女子，我很幸福，因為有這樣一個男子，願意永遠把我當成小女孩一樣照顧，也不忘和我一起學習，跟我一起成長。

更何況，還是那麼帥的男子，你說是嗎？我親愛的紹兒。

* 精神層面的幸福

談起紹兒，這裡也來分享紹兒境界的幸福，不只包含物質層面，更含括心靈成長層面。

我本身天天跟紹兒學習，也認同他的精神層面價值觀，但在此，讀者可以參考，吉兒不會鼓吹要每位朋友一定要接受這套價值觀。

在 Lesson 12 曾從愛情的角度，分享紹兒的靈魂觀，他覺得他與吉兒有種內心契合「對頻」的感覺，並且覺得可能前世本就彼此有密切關係，紹兒來這世上終於找到吉兒這個靈魂伴侶，他要以幫助吉兒成長認識人生功課做為這一生的使命。

那這樣的「人生功課」，背後是怎樣的哲學呢？

關於紹兒經常提到的「修行」又是怎麼回事呢？

其實這一章我們談的主題是幸福，而幸福植基於甚麼？不就是植基於「這一世」嗎？如果沒有認清這一點，而去聚焦在過往（例如從前的人都怎樣？但現代我們都不能怎樣），或只寄託在未來，說「將來」要讓自己幸福，但難道你「現在」就不需要幸福嗎？這類沒能認清當下的情況，都不會是幸福。

但「當下」是甚麼？這很容易理解，就是眼前的每一個時刻，可是若只是知道這樣的「當下」，而不去了解背後環境及意義，那就好像漂浮在天空的浮萍，沒有根也無法安適。

所謂「當下」所植基的背景，就是這一世。

現代人喜歡玩各類電腦遊戲，那就以遊戲來比喻。如果某甲正在玩某款射擊打怪遊戲，某乙則是在玩某種策略版圖遊戲，現在有個人要我們追求好成績，也就是遊戲中的分數，那麼某甲的評量標準跟某乙絕對不同，並且是徹底的不同，一個是以殺掉怪物的數量計，一個是以建立的版圖範圍計。完全無法相比。

再好比兩個人都在玩同一個射擊打怪遊戲，某甲進展到第 10 關卡，重心在與團隊合作打敗大魔王，某乙則尚在第 3 關卡，重心放在累積更佳的裝備，評比標準自然也都不同。

但共通的重點，都是先要知道「你現在在哪裡」。

紹兒覺得現代人的痛苦，許多是源自於根本不了解自身狀況，若根本連自己是誰都不知道，那怎麼定義幸福？例如你是個牧師，卻總是以企業家當作標準，看著別人日進斗金，那永遠不會快樂，實際上「賺大錢」根本不屬於你的任務。

紹兒覺得每個人這一生都有他的功課，這件事才是攸關幸福。例如有人這一生就是來體驗不同見聞，他可能因此終身未婚，因為他四海漂泊，但他看盡了人間種種風景，他是快樂的，最終回首一

生他也是幸福的，但如果他要以傳統家庭結婚生子的概念去評斷事情，那他這一輩子就是失敗的，甚至是徹底失敗的。

但人生不該這樣看，幸福也不該這樣定義。

此所以紹兒經常要修行。

紹兒和我分享著，我們眼前看到的世界，只是宇宙的一種形式，在這個世界，我們以「人」的形式，來品味人生。「人」，其實是物質世界的最高等級，在「人」之上，有著更高的存在，也許不同宗教有不同的說法，佛道教說的佛祖菩薩，西方宗教說的上帝神仙，甚至所謂鬼靈，也都是另一種非物質的存在。相較來說，物質的存在，在地球上「人」是最高級的存在（可能其他星球會有其他的高等智慧生物），然後在「人」之下有動物植物昆蟲微生物等不同生物。這些個個都是一種「存在」。

紹兒說，我們來到這世上，「人」只是個外殼，就好比 Lesson 12 他曾用開車來比喻，人體是軀殼，駕駛的才是靈魂。**這個靈魂每一世都有自己的使命，但這個使命是甚麼，卻要靠自己去追尋，那就好像在學校念書，好的老師不會直接告訴學生解答，而要學生自己去「找答案」，我們的一生也是如此。**

基本上，找到答案的人，是開悟的，是幸福的。積極找答案的，就算尚在尋尋覓覓，那個過程因為有所成長，也是幸福的。唯有每天得過且過，或總是依著別人標準來活的人，才會感到不幸

福。那樣的人，就算家財萬貫，或者身居高位，但心靈空虛，不知道此生的意義，那也是非常不幸福的。

　　這就是紹兒精神層面的幸福觀，他也說，對他來說，**他的人生使命就是要引導吉兒，去認識「生命的真相」**，而在那之前，他要先協助吉兒，在物質世界裡，可以賺大錢圓夢，可以擁有想要的生活。至於精神層次，他會陪伴著吉兒一起學習。

　　這是紹兒定義的幸福。

　　也是我倆要共同學習的幸福。

　　本書來到最後，讓我們還是回到「人間」，談談現實生活中的幸福，讓我們談談運動飲食與健康，也來總結家庭與愛的幸福。

Chapter 6

人生篇

健康美麗，
以及全方位的幸福

Lesson 16

為愛幸福，更要為愛健康

在那樣古老的歲月裡

也曾有過同樣的故事

那彈箜篌的女子也是十六歲嗎

還是說今夜的我

就是那個女子

就是幾千年來彈著箜篌等待著的

那一個溫柔謙卑的靈魂

就是在鶯花爛漫時蹉跎著哭泣的

那同一個人

那麼就算我流淚了也別笑我軟弱

多少個朝代的女子唱著同樣的歌

在開滿了玉蘭的樹下曾有過

多少次的別離

而在這溫暖的春夜裡啊

有多少美麗的聲音曾唱過古相思曲

席慕蓉【古相思曲】

＊ 健康，是最高的標準

也曾在許多的場合，包括課堂上或者社交聚會，聽到不同背景的人們討論甚麼是成功。

而往往在討論各種成功模式後，接著會順勢再導入幸福。

也就是說，在很多人（包含企業家也包含各種演講場合的導師），經常還是定義著「成功＝幸福」。

吉兒不是企業家，吉兒也不是傳統認知裡那種成功的人士。

身為一個女子，一個很重視愛與付出的女子，我要分享的可能不是標準答案的成功與幸福。

其實我本身也認同黃佳興老師推廣的幸福競爭力，但相較於像老師那般散發熱力帶領團隊的領導魅力，小女子吉兒，最終要來強調分享的，還是屬於女子更簡單但也最根本的幸福定義。

我認為：

幸福比成功重要

健康又比幸福更重要

若沒有幸福的人生，就別奢談成功的人生

而沒有健康的人生，就別奢談幸福的人生

甚麼意思呢？

假定現在有一個人，他完全不符合傳統定義下的成功，可能他只是個平凡的公務員，例如他是某個偏鄉小地方的火車站站長，人生最大的夢想就是等孩子長大各自成家立業後，他自己準備退休後和老伴兩人退隱山林，靠著公務員退休金簡單過日子。

論錢沒錢；論成就，小站站長似乎也不怎麼符合一般傳統成功定義。但他本就喜歡大自然，喜歡靜靜的日復一日的守住月台守住小小車站。

這樣的人幸福嗎？

吉兒以為只要他喜歡這樣的生活，他就是幸福的。

除非哪天，因為受到外界影響，他發現自己年收入太少，發現自己沒有做出揚名立萬的成績，於是他心中有了渴望，開始覺得自己不足。

當他不快樂的那天，那就變得不幸福了。

健康比幸福重要，這更是吉兒非常重視的事。吉兒認為，一個人若身體不健康，那麼甚麼財富權勢通通不重要了，包括愛情親情，在身體不舒服的情況下，就算身旁有愛人陪伴，眼前有美景可看，但疼痛不適伴隨的每個「當下」才是真的，就好比一個牙痛的人，滿漢全席對他沒意義，一個全身是病的人，不論面前有甚麼幸福都已經隔了一層。

　　所以吉兒和紹兒共同協議，將來若有那麼一天，另一方因為重病或意外面臨急救，且身體機能許多已經壞死，乃至於只能靠人工呼吸器等才能存活，那我們如今共同許諾，在那樣的情況下，與其讓對方躺在床上痛苦苟活，我們選擇簽下放棄急救聲明書。

　　真正的愛，就是希望對方過得幸福，而非用對方的痛苦讓自己感到幸福。

　　明知道眼前是這一生的摯愛，跟對方在一起時充滿幸福的，但即便如此，若對方活在肉體的痛苦中，我們必須忍痛割捨，讓對方好好的離去。我們知道這不容易，但這是每個人生命中，難免會碰到的抉擇。當年我們捨不得媽媽，結果讓她以植物人的狀態躺在病床好幾個月，想到那段日子裡媽媽該有多麼難受，我到今天還會忍不住落淚。

　　所以我要強調健康跟幸福的密切關係，我自己要成為一個為愛幸福的吉兒，而這樣的吉兒，一定也要是一個健康的吉兒。

＊萬物皆系統，健康最重要

　　健康，應該是一種常態，是人體每個系統能夠充分調和後所能展現的最佳狀態。健康，代表全身器官分工緊密的運作，一般來說，雖然人體各種基本指數或器官異狀，有很大的成分根源於遺傳，例如有人天生就有呼吸道毛病或心律不整，但屬於個人可以掌控的部份，依然佔最重要的影響，如何透過飲食保養及健康作息，讓身體保持在最好的狀態，攸關你我的一生。

　　2020 年底開始跟隨佳興老師上課，他有一句話，吉兒也深深記在心裡。

　　佳興老師說：**萬物皆系統。**

　　關於健康，其實，也是屬於一種系統。以吉兒來說，我就是因為從年輕時代就建立起一套系統，並且持之以恆，所以直到今天，年過五十的我，年齡仍常被誤判，因為外表印象和實際年齡有相當的落差。

　　其實外表只是內裡的對外展現。包括五臟六腑的運作、人體氣血運行以及心境帶動的情緒波動，都跟一個人是否外在美麗有關。就好比我們也常聽聞酒色財氣生活糜爛的人，就算使用再名貴的保養品，也難以遮掩灰敗的氣色以及提前老化的象徵。

　　大部份人都害怕年老，但可惜年老是人生不可避免的過程，只

不過老化的速度，以及當年老時一個人體力以及身體各個器官的堪用度，卻依然取決於我們每個人從年輕時期開始做的選擇。

這些年來，因為交友軟體的盛行，我這個人又是個很戀舊也願意付出關懷的人，所以透過各種軟體及社群，我後來把許多小時候的同學朋友，一一「找」回，也會彼此聚會或參加戶外活動。

如果是同學，那就是跟我年紀相當的人。除非是曾經受過重傷或經歷重病，否則大家的身體狀況應該要跟我差不多。但經常的情況，好比說約在地下街吃飯，可能沒有手扶電梯，只能爬樓梯，結果我幾乎沒甚麼感覺的一路散步走到餐廳，跟我同齡的朋友卻光爬樓梯下來，就走得氣喘噓噓。

還有談話時，有時可能要參加某某人家兒子的婚禮，談到該穿怎樣的衣服，然後就會討論好比「五十歲要怎樣的裝扮才合宜」這類的議題。

合宜？穿衣服就穿衣服，幹嘛還要分年紀？實際上這卻是真的，年齡會改變一個人外貌，讓一個人被迫永遠放棄某個年紀的衣服。畢竟如果一個中年發福的女子硬要穿起青少女洋裝，沒規定不行，但走在路上可能變成一個笑話。但以吉兒來說，我到今天依然可以拿起三十幾歲時買的衣服做穿搭，走在路上也絕不會有任何違和。我的身形依舊保持良好，從背影看，甚至被誤認是個女孩。不論留長髮或者俏麗短髮皆宜，總之，在我身上沒有年齡所帶來的種種束縛。

再簡言之，就是一句話，我有保持健康。

保持健康，就能保持青春

保持青春，就能保持美麗

這裡我並非要炫耀甚麼。我也知道，就算再怎樣會保養，當有一天來到八九十歲年紀，那時再怎樣懂得保養，也不可能繼續留住年輕外貌。

重點還是能否擁有健康的身體，是否年長時身體器官還能保住基本的運作？

如果像我一樣坐五望六年紀都還能跟年輕人一樣擁有充沛的活力，到年紀更老時，身上也少有病痛，那不是很好嗎？健康真的才是幸福。

經常人們會去看報章媒體報導的，甚麼現代人的平均壽命多少，例如截至 2019 年台灣的女性平均壽命已達 86 歲，許多人會以此數字自我安慰，計算著「我人生還有幾年」。但我認為**若沒加上健康參數，歲數是沒意義的。例如一個人還未滿六十歲，就三天兩頭往醫院跑，到最後根本都癱在病床上，這樣子就算「活」到八十歲，也只是活著受苦，歲數多長沒有意義。**

所以吉兒真的要強調，健康是最重要的事。

＊ 健康就能美麗

健康很重要，如果是因為遺傳或因為意外，例如有人明明不菸不酒飲食正常，但卻很年輕三十幾歲就罹癌，或者平日作息正常，與人無怨，卻不幸被酒駕汽車撞傷，落得終生全身是病痛，這些都屬於命運範疇。

命運的事非任何人可掌控，或者如親愛的紹兒所說，那就是那個人這一生要來「面對的課題」，不是本書所能論斷。

但吉兒要討論的，還是多數人都可以掌控的部份。

具體來說，就是四件事：

正確運動、健康飲食、正常作息以及愉悅心境

以上四件事的總和，以佳興老師的話來說，這就是一個系統，每個人都有自己的系統，**自己的命運自己造，優良的系統才能打造優良的未來。**

那些四十歲就開始有三高，然後還有痛風、消化不良、神經衰弱等症狀的，少數情況植基於基因遺傳，多數情況卻是因為系統設定問題。

所謂系統，必須形成一種「長期的模式」。如果偶一為之，不會形成系統，就好像我們若偶爾吃吃速食店的垃圾食物，或者一個月一兩次跟朋友去火鍋店吃到飽，那並不會因此讓人過早就病魔上身。一定是不健康飲食已經變成「常態」，也就是已經形成「系

統」後，才會出現種種問題。

　　系統不良肯定會帶來的問題，第一是老化，第二是身體健康亮紅燈。二者又形成負面循環，因為身體健康亮紅燈所以加速老化，而老化帶來的器官耗弱又反過來讓身體更是亮紅燈。就以女子的面容為例，現代的女子喜歡用各種化妝品來妝點自己，但其實妝點的基礎，源自於本身就夠青春美麗，只要本身夠健康有著青春氣息，那化妝就是一種加分（濃妝則不宜），相較來說，身體出狀況，皮膚已經老化的人，只能靠很厚的粉來裝飾，甚至到了某種情況，再怎樣也掩飾不了。

　　真正的美，可能就是「自然美」，所謂蘋果肌勝過腮紅，而蘋果肌就只能源自於健康的身體。

　　總的來說，身體夠健康，美女的條件就能成形。

　　包括穠纖合度的身材、健康好看的膚色，以及很重要的一點，健康的內裡散發出來的氣息。

　　美女天成，不一定是指美女來自於天生。而是說美女來自於我們長期建立正確系統所養成。

　　下面就來分享吉兒保持健康的系統。

Lesson 17

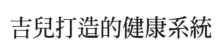

吉兒打造的健康系統

我喜歡將暮未暮的原野

在這時候

所有的顏色都已沉靜

而黑暗尚未來臨

在山岡上那叢鬱綠裡

還有著最後一筆的激情

我也喜歡將暮未暮的人生

在這時候

所有的故事都已成型

而結局尚未來臨

我微笑地再作一次回首

尋我那顆曾彷徨淒楚的心

席慕蓉【暮歌】

＊健康四要件

如前所述，吉兒的健康系統，分成四大要件：

正確運動、健康飲食、正常作息以及愉悅心境。

其中後兩項，一來關係到每個人的產業及生活圈，好比說正常作息這件事對職業是護士或警察的朋友來說，他們有值夜壓力，不太可能依照中醫所謂的，子時（晚上 11 點～凌晨 1 點）走膽經，丑時（凌晨 1 點～凌晨 3 點）走肝經，這類的養生保養作息按表操課。二來關乎生命意境，所謂愉悅心境，包含如何面對家庭事業財務等等的生活糾葛各類繁瑣，方法有冥想、靈修以及心理輔導等，這方面的學問，牽涉到很多專業，吉兒就不在這裡深入討論。

因此對打造健康系統來說，最重要的還是前面兩項：運動以及飲食。這兩件事一方面對每個人一生幸福很重要，一方面又真的非常簡單。相信我分享的每個重點，**人人都可以做得到，只是「願不願意做」，以及「能不能持續做」**而已。

先來談規律的運動。

吉兒和紹兒兩人年紀相差 17 歲，並且紹兒是軍人出身的男子，體格較佳，吉兒是女生，女生的體能本就比男生差。

但吉兒和紹兒在一起，不論是外出登山踏青，或參與各類運動，卻完全不會有脫隊乃至造成另一半負荷的情況，我的步履穩健

如年輕人，就算是運動一段時間也不會有氣喘不過來的現象。

雖說紹兒深愛吉兒，不會因為體能跟不上這類因素而嫌棄吉兒，但以一個王子與公主的童話故事來說，若兩人總是一人行動一人無法跟上，那故事也會變得不美麗。

所幸，吉兒從年輕時就建立起好的運動系統。

這個系統其實一點也不複雜，並且也沒規定一定要做甚麼項目，基本上，只要可以長期進行，且不造成運動傷害的前提下，能夠持之以恆對身體有益的，都應該持續下去：

1）每天做簡單的運動

- 步行（可以走路的就盡量不要坐車），但不是漫不經心地散步，這裡指的是微微加快腳步的快走，甚至可以半跑半走，一趟下來要能讓身體稍稍出汗。

- 每日在室內可以進行的伸展操。有人可能早上起床做體操，或者夜晚下班回家再做些腹肌鍛鍊之類的運動都可以。

- 最好是培養一種運動嗜好，其中若有些可以每日進行的最好，例如有人回家後喜歡打半小時籃球，或者像我在家裡會和紹兒一起打乒乓球。

2）每週至少一次戶外運動

- 和朋友戶外踏青，這裡指的不是搭遊覽車去名勝古蹟拍照走走，而是要帶點體能考驗性質的，例如走一兩公里以上的登山步道，或一整個下午的郊遊健行。

- 加入體育性質社團，建立群組，這樣假日可以組隊，例如打打網球、羽球，或者有那種成人組的壘球。
- 吉兒本身特別推薦的一個長期運動是游泳，我覺得游泳這項運動真的對體態保持有很大幫助，因為游泳可以同時運動到全身各個肌肉。

所以，就是以上所列那麼簡單，有哪一點是一般人難以做到的嗎？相信沒有。

就算是颱風下雨的日子，每天依然可以在家做體操，練練甩手功，至於假日運動，也總不會每週都碰到壞天氣吧！再壞的天氣還是有室內游泳池或室內網球場這類的地方可去啊！

重點還是有沒有恆心毅力。

分析為何明明簡單的事，對很多人來說不是那麼簡單呢？

吉兒也曾用心的透過和朋友聊天，也算做個市場調查，不運動的原因：

1）太忙了

這真的是最常聽到的原因，不信，各位讀者可以現在試著去問身邊親友為何不常運動？一定會聽到這個答案。

但甚麼叫做「太忙了」？所謂忙，其實就是時間順位問題，當你覺得 A 這件事比 B 這件事重要，你就會說「沒空」做 B 這件事。

然而人們「有空」做甚麼事呢？許多人會去追劇、與朋友電話或社群聊三姑六婆八卦，或者下班時間到了還故意裝成很忙的樣子，要讓老闆重視自己價值。

難道相對來説，運動這件可以帶來一生幸福的事就不能被看成重要的事嗎？

2）太麻煩了

有些事順手可以做，好比最簡單的，回到家，鞋子一脱沙發一躺遙控器一按，就可以舒服的看連續劇看到深夜。但運動……還要準備球具，要走去球場，還要找球伴，另外還得遵守遊戲規則，若本身不懂那項運動還要去找教練學……總之太麻煩了啦！

那麼體操或甩手功呢？只要在家就可以做的運動，這會麻煩嗎？對很多人來説還是麻煩，反正跟平日作息不一樣的事就是麻煩。

但你永遠不將運動這件事列入作息，你就永遠會感到麻煩，直到有一天年老，你就算想自找麻煩也來不及了。

3）沒有人導引

的確，運動這件事，因為經常沒有立即的好處（運動的好處是長期的），所以人們比較不會主動做這件事，因此需要被引導，需要被督促。

像吉兒本身是自律型的，我從年輕時代就養成運動的好習慣，那麼對一般人來説，可以試著跟家人一起，彼此鼓勵，彼此督促對方運動，吉兒認為這是一個不錯的方法。

而談起督促，既然現代人那麼愛用智慧型手機，何不讓手機變成督促我們健康的工具呢？

＊善用現代工具

其實，我覺得現代人已經很幸福了，不僅資訊發達，手機划一划，要怎樣的知識都查得到，並且還有很多專家，已經特地去開發各式各樣的應用軟體。其中以運動健康為號召的就非常的多，重點是，這些通常都是免費的。

既簡單實用又真正實惠，現代人真的應該善用這個優勢，把握時間讓自己健康。

以我自己常態應用的一款 APP 軟體，叫做 DailyWorkOut（讀者可上網參考 https://dailyworkoutapps.com），就非常簡單好用，還能依個人情況設定時間。

請問一天 25 分鐘，有誰「沒有時間」？好比說今晚 11 點想睡覺，那就 10 點以前做，人人都可以。

這款軟體，一開始已經設定好全身五大重點鍛錬大項：腹部、手臂、臀部、心血管、腿部，每個大項又有三種時間選項，假定一個人很忙，每天只挪得出 25 分鐘運動，那就設定好五五二十五，也就是每個項目跟著手機顯示的畫面各做 5 分鐘，加總共 25 分鐘。

就這樣天天做，就能保持身材。若時間再多些可以設定為八五四十分鐘，最多，則是各 10 分鐘，每次加總共可鍛鍊 50 分鐘。

這件事真的很簡單，重點還是你願不願意堅持。

我也曾好心將這軟體分享給同學朋友，結果才做了第一天，隔天她就跟我說，好痠啊！不想做了。

痠？這是正常的。各位讀者如果有跑步習慣一定也都知道，初次跑步時會很辛苦，可能邊半跑半走地邊喘個不停，腿也痠到不行，第二天可能起床後還會「鐵腿」。但一次兩次後，跑步就越來越順利。

身體任何部位的鍛鍊也是如此，會痠？那是正常的，不痠才奇怪吧！畢竟以前肌肉鬆弛沒被特別操練，懸在那邊，久而久之，手臂有了蝴蝶袖，腹部則是越來越圓。痠，就是肌肉被鍛鍊了，等到你習慣那天，不再痠了，也代表身體操出肌肉了。整個外形來看，你在別人眼中，就已經擁有美好的體態。

健康真的很重要，不要今天想偷懶，拖到明天，明天又說「明天再說」，現在每天花個半小時，將來影響的卻是以年計。

如果現在的努力，讓你未來有十年不用終年躺在床上，你願不願意？

現在的我，雖然不可避免地，年紀越來越大，但我不僅身材有做到維持，健康檢查，報表呈現的也都是代表健康的綠字，並且我

免疫力很強，連感冒都很少上身。曾經在做貿易服務的時代，碰到流感嚴重時期，辦公室裡十個有九個被感染，而我明明是同事中年紀較長的，卻從來沒被傳染過。

真的，忙碌不是藉口，我的口號是「健康比幸福重要」。

蘋果創辦人賈伯斯走了，裕隆少主嚴凱泰走了。他們生前都有成功的事業及聲譽，本來也享有幸福的人生，但健康大過一切，健康沒了一切都沒了。

讓我們堅持幸福，堅持健康吧！

除了運動外，民以食為天，追求健康，我們當然要重視飲食。

＊飲食保健康

關於飲食與養生，相信市面上這類的書籍汗牛充棟，或者電視上也會有許多專家達人們，分享各類的健康飲食方法。然而，如果這方面的事是那麼的普及，現代人隨時也可以上網搜尋到這類資訊，那麼為何無法真正落實到生活上？為何現代人依然有高比例的文明病，甚至像糖尿病、高血壓這類傳統認知跟中老年人較相關的病症，如今連青壯年，甚至在學學生都有了呢？

關鍵還是在這兩個字：堅持。

吉兒我並沒有特別去做甚麼高價格的美容，或者採用甚麼製程繁複的食療，我的許多飲食方法，其實都是老生常談，甚至中小學課本也會出現的基本常識。但重點依舊是「知道了，但有沒有去做？」

關於飲食，吉兒必須先強調的，這跟天賦體質無關。如果只是因為個人體質來自於遺傳的影響，那麼讀者就會對本書的分享打折扣，以為吉兒只是天賦異稟。

實際上，以吉兒的家人來說，我的媽媽是有三高病症的，她過世也是因為血管疾病。以身形來說，吉兒並不是天生就那麼瘦，實際上在我少女時代，也曾體重到達 54 公斤，那時我也是個貪吃的女孩，葷素不拘，喜歡路邊攤小吃，喝飲料啃炸雞。當年也是我初次戀愛跟連仔兩個年輕人愛吃又愛玩的時候。

所以我後來的體態保持，以及至今肌膚依然年輕，是來自於人為的飲食控制，其植基於運動以及均衡且堅持的飲食習慣，這裡吉兒也整理幾個營養重點：

● 結合 80/20 法則

每一餐有 80% 是蔬果五穀類，20% 是肉類跟蛋白質。

這是基本原則，但也不要因此有壓力。因為：

● 健康飲食並非魔鬼訓練，並沒有強制自己「一輩子」不能吃其

他美食，有些人因為覺得再也不能碰各類美味，覺得這樣活著有甚麼樂趣？乾脆放棄控制飲食。

但不需要如此，依然可以偶爾吃所謂的垃圾食物或大餐，基本上若一週一次兩次，並不會帶來身體傷害，我就是個例子。

● 俗語說：早餐吃得好，午餐吃得飽，晚餐吃得少。

這點我非常遵守，但如同前述，偶有例外，偶而也會跟朋友聚餐大吃大喝，所以不是要你禁絕美食。但「常態性」的依照上面準則，對健康有幫助。

早餐吃得好，是因為早餐充足的營養提供學習與工作的能量，午餐吃得飽，代表一整個下午能量之所需，晚餐時則是再過兩三小時就準備上床睡覺了，因此最好不要睡前吃得太多，特別太油的食物堆積在腸胃，會帶來身體負擔。

● 三餐的建議，我推薦五色飲食

也就是任選五種顏色搭配出的「菜色」，以我幾十年來養成的習慣，我在早餐都會在家吃水果或帶一盒水果出門，內含好比說是番茄、梨子、芭樂、蘋果、葡萄五色。天天如此，並且其實也不會花費太高，我通常一次買好兩個禮拜的水果份量，搭配鹽水保存，每次也只要花費大約一千元。

● 特別常吃的是堅果類食物，可以去買綜合堅果，另外黑芝麻粉也是我推薦的。

● 吃東西，盡量吃原味，盡量吃符合原本樣態的東西。

甚麼叫原本樣態？例如馬鈴薯，這本來是可以帶給身體養分的食物，但當馬鈴薯變成洋芋片，雖然源自馬鈴薯，可是其實已經不是真的馬鈴薯，那就叫垃圾食物。所謂垃圾食物，一個食物被各種人工加料，到後來甚至人工加料變成主力，那就不會是健康食物。好比說綠茶對身體很好，但被加工包裝成瓶裝飲料，那就是喝的是人工添加劑而非真正綠茶了，這只是有害身體的含糖飲料，建議盡量不要飲用。

其實就是這麼簡單，至於有朋友問我有關肉類的選擇問題，其實就已包含在上面，在 80/20 法則，每天就只吃大約 20% 份量的肉。

而如果一個人，好比說他已經年過 35 歲，這時候開始控制飲食，會不會太晚？其實**任何時刻，好的事情進行都不會太晚，就算一個人已經年過七十也不會「太」晚，因為只要再不做，你就只有「更」晚。**

至於有沒有效果？答案是看身體狀況。例如有的人都已經得了三高了，此時再想挽救，就比較不容易，畢竟飲食歸飲食，飲食並不是藥。那時再想做養生保健，效果最多只不過是設法讓狀況不要更惡化而已。

如果身體開始有種種早期症狀，但尚未有明確的疾病，例如整個身形有點發福，肚腹的肥油過多、健康檢查指數不好看，但還沒到正式發病時候，這算是「危險前期」，吉兒我相信，若此時懸崖勒馬，不再經常吃垃圾食物每天也控制飲食，最重要的是持之以

恆，那麼，只要身體修復機制仍在，當身體修復的速度快過身體被人們惡搞的程度，人體還是有可能逐漸變得健康。

而除了以上，吉兒在 2020 年開始加入新生命電商，這裡也有吉兒很推薦的產品「SomaDerm 活力密碼凝膠」。大家也許已經知道，我們人體的 HGH（Human Growth Hormone 人類生長荷爾蒙）在 18 歲時分泌最旺盛，25 歲開始每年以 1.5% 的速度逐漸減少，40 歲時，就已經剩下 20% 左右，到了 50 歲以後，幾乎不再分泌了，這就是為什麼人類會衰老，並且有更年期的原因了。

SomaDerm 活力密碼凝膠，輔助我們產生自體的人類生長荷爾蒙，而荷爾蒙，是女人的青春之源，荷爾蒙分泌平衡的女人，性感嫵媚、時刻散發著女人味。相反地，荷爾蒙失衡的女人，情緒低落、皮膚乾燥、長痘長斑、渾身散發著抑鬱的氣息。吉兒在使用這款凝膠後，每天都能有深沈像嬰兒般的睡眠，總能一覺到天亮，讓自己每天都充滿活力，即使忙到沒時間小憩一會兒，也不會影響一整天的精神。除此之外，在相同的飲食及運動的情況下，體脂更低了，看到鏡子中的自己臉龐更年輕肌膚更透亮了，還真是會讓人由心底歡喜呢！

當然，吉兒最推薦的，還是請每位讀者，從現在開始就懂得建立運動與健康飲食的習慣。這樣幸福健康才能常伴左右。

Lesson 18

感恩及結語：大家都要幸福健康快樂

我為什麼還要愛你呢

海已經漫上來了

漫過我生命的沙灘

而又退得那樣急

把青春一捲而去

灑下滿天的星斗

山依舊樹依舊

我腳下已不是昨日的水流

風清雲淡

野百合散開在黃昏的山巔

有誰在月光下變成桂樹

可以逃過夜夜的思念

席慕蓉【月桂樹的願望】

最終，吉兒要告訴大家的，健康重要，包括身體健康與心靈健康。

幸福重要，包括自己真正沐浴在幸福，也希望可以帶給身邊周遭的人幸福。

本書介紹了吉兒自身的三段婚姻，以及成長的心路歷程，最終也分享吉兒保持體態年輕的實用方法。

歸根結柢，本書強調的一個字，還是「愛」。

＊ 愛自己與愛別人

● 妳要愛自己，才懂得去追求幸福

● 妳要愛自己，才會重視自己的健康

● 妳要愛自己，才有能力去愛這個世界

吉兒是個從小就具備愛與關懷天性的女子，但這樣的我，也曾經因為太過愛別人卻不懂得愛自己，而承受著不同階段的婚姻之苦。

而我所見到身邊不同的朋友，則有著不同形式跟愛相關的問題。

有人太愛自己導致目中無人，或者太愛自己而不尊重他人，嚴格來說，我的前兩段婚姻：

第一任先生，沉迷於賭博，某種程度就是種「太愛自己」，他太過聚焦在自己的世界，乃至於最後他已經顧不得愛情與親情，其

實，這世界上所有的執迷，不論是毒癮或者沉迷電玩，吉兒認為這些人都是太過愛自己，忘了父母以及家人正傷心落淚。

第二任先生，太過執著，太過自我中心，以自己的尺度做為衡量其他人的標準，也因為只聚焦在自己，因此當吉兒表達愛意，他覺得我別有居心，當紹兒釋出善意，他卻覺得紹兒想介入破壞家庭。再怎樣的愛都難以突破一個過度自我的愛，因為那等同一個人已經營造一個殼把自己嚴實包裹起來。

弔詭的，許多人因為太愛自己了，最後失去各種愛，變成不愛自己。

包括太在乎別人對自己的看法，做事患得患失；害怕太過凸顯自己的影響力，因此不敢輕易表現甚麼，因為「怕別人都在看他」，實際上，就是因為太在意別人的想法，於是不斷修正，修正到後來，自己已經不是原來的自己，所以變成因為太愛自己，結果變成不是自己。此外，以為大家都在看自己，不敢上台講話，不敢去做行銷，因為怕「丟臉」。其實若不要把自己想成是世人目光焦點，真正放平常心去做事，認知到人人都有自己關心的事，不會大家都想看自己，你認為丟臉的事，人家可能根本看都沒在看，當一個人可以突破自我封閉枷鎖，人生境界就會有所突破。

從前的我，也經常太在意失去愛，結果一再退讓，包括對第一任先生和第二任先生都曾經如此，結果呢？**一再退讓並不能改變本來就已變質的愛情。**

如何追求自然，自信但不傲慢地展現自我，用這樣的你去愛人，這是每個人的人生課題。

而有些人又是太不懂得愛自己，最常見的情況有三種：

● **太過貶低自己，變得自卑，缺乏自信與活力**

你是不是也經常會說以下的話：

我做不到、我不配、我沒資格、我能力很差，有的人是謙虛，但更多的人真的是自己把自己框住，本書不是勵志書，但吉兒覺得，**相信自己以及愛自己，是人生在世的根本。如果總得靠外在激勵，才能振作，那樣是太被動太依賴性了。**

● **太過糟蹋自己**

這種人不重視健康，或者工作上把自己操得過勞。

英國諺語說得好：

You are what you eat. 你現在的樣子（體態／健康）是你吃出來的

You are what you do. 你現在的樣子（工作／事業／成就）是你過去怎麼做造就來的

從年輕就糟蹋自己，暴飲暴食，或工作及生活作息不正常，不用等年老，可能很早時候，苦果就等在那裡。

● 太過忽視自己

有的人一輩子都在為別人而活，甚至把自己包裝成很神聖，有種犧牲自己成全別人的味道。但結果是，別人感覺到被愛得有壓力，當事人則是一回首已百年身，覺得這一生都沒為自己而活。

何必活得如此辛苦呢？

走過三段婚姻，現在的吉兒，已經懂得更愛自己，也用最完美的吉兒來與親愛的紹兒攜手同行。我相信紹兒眼中的我，就是真正的吉兒，而非為了紹兒刻意矯飾的吉兒。

現在的吉兒，懂得重視自己的價值，所以不在乎外界的負面評斷，我和紹兒的愛情，祝福我們的人，我們衷心感恩，不能認同的，我們也不會放在心底。

現在的吉兒，既懂得愛自己，也能全心愛紹兒。並且我們心意一致，除了愛彼此外，也共同願意付出我們的關懷，造福我們可以造福的人。

因此未來的我們，會透過出書和更多演講幫助想要學習如何愛的人。

＊ 追求全方位幸福

經常我們聽到「全方位」這個詞，而坊間各種書籍，其實對於「全方位」有不同的定義。

吉兒覺得在這裡，可以用反向的方式來協助讀者理解。

全方位的相反是甚麼，其實就是「不平衡」，當一個人不平衡，人生就不會快樂。

- 飲食不均衡，最終帶來身體的負擔，年老時疾病纏身。
- 工作與家庭不平衡，導致即便事業有成，卻家庭失和，身體健康也亮紅燈。
- 時間分配不平衡，就是時間管理不佳，最終人生會變得一團亂。
- 愛與付出不平衡，例如本書多次提到的，有人太愛別人忘了愛自己，或者太愛自己，忽視他人的愛，都是不平衡。

其實，若要條列可以列出上百項。總之，我們每個人可以看看自己，我們平常為何會不快樂，追尋源頭，往往會發現問題出在哪裡。

例如你不快樂，因為常常胃痛，為何胃痛？那就是你飲食不均衡。

不快樂，因為常和先生吵架，為何吵架？背後的原因是因為時間管理不平衡（妳花太多時間在工作都不陪先生），或愛與付出不平衡（妳總是愛對他嘮叨卻從來不去聽先生的心聲）。

吉兒的建議，當妳感到不快樂，並且這個不快樂是長期的，那

若不去處理，終究會一再發生。妳希望這樣的不快樂伴隨一生嗎？不希望的話，就必須勇敢去面對。例如我和第一任先生後來相處不快樂，我曾經悶著頭獨自付出，希望先生有一天「回頭是岸」，最後選擇離婚時已經有點太晚。我和我第二任先生，明明也常不快樂，卻沒勇氣去割捨，最後也是因為認識紹兒才願去面對。

因此，追求全方位幸福，只要能夠先讓自己回復平衡，那就是方向。

並且這沒有標準答案，例如前面舉例過的那位火車站站長，他的人生感到滿足，因為生活及身心靈都處在平衡中，對他來說，這就是全方位幸福。但如果哪天發生不平衡，最常見到的就是經濟上帶來的不平衡，例如理財錯誤帶來負債，或者受外界影響產生貪念，彼時不幸福了，就是因為已經「不平衡」。

所以全方位幸福，沒有一個公式，但我們可以列出跟平衡相關的事務，相信許多坊間書籍也有各類範例，例如有的學派把家庭、事業、財富、心靈成長、人際關係當成五個球，人生就比喻成要把這五個球都操作完美。或者有的學派分項更多，認為幸福包含事業、財富、家庭、宗教、學習、自我成長、人際關係、健康等多種的組合。

以上都沒有對錯，吉兒強調的還是那句話：「追求全方位幸福，先得讓自己生活獲得平衡。」

而在每個選項上，還是有個優先順序，這就是所謂的價值觀，有人覺得工作比家庭重要，有人覺得愛情比麵包重要等等。

　　吉兒要分享的幸福觀依然是：

幸福比成功重要

健康又比幸福更重要

　　感恩各位朋友的參與，感恩彼此透過這本書來結緣。

　　吉兒和紹兒將持續建立屬於我們自己幸福的系統，希望未來有機會跟各位朋友見面時，我們狀況又更上一層樓。只有愈幸福，才會愈成功。

　　也鼓勵各位讀者，建立自己均衡以及帶來幸福的系統。

　　愛與付出是值得的，願大家擁有全方位的幸福。

逆齡熟女的幸福之路
：獻給渴望活出幸福的每一位女人

作　者／吉兒
主　編／車姵諳
出版經紀／凱雅郡股份有限公司
出版企劃／黃柏勳、林岱蓁
美術編輯／了凡製書坊
責任編輯／twohorses
企畫選書人／賈俊國

總 編 輯／賈俊國
副總編輯／蘇士尹
編　　輯／高懿萩
行銷企畫／張莉滎・蕭羽猜

發 行 人／何飛鵬
法律顧問／元禾法律事務所王子文律師
出　　版／布克文化出版事業部
　　　　　台北市中山區民生東路二段 141 號 8 樓
　　　　　電話：(02)2500-7008　傳真：(02)2502-7676
　　　　　Email：sbooker.service@cite.com.tw
發　　行／英屬蓋曼群島商家庭傳媒股份有限公司城邦分公司
　　　　　台北市中山區民生東路二段 141 號 2 樓
　　　　　書蟲客服服務專線：(02)2500-7718；2500-7719
　　　　　24 小時傳真專線：(02)2500-1990；2500-1991
　　　　　劃撥帳號：19863813；戶名：書蟲股份有限公司
　　　　　讀者服務信箱：service@readingclub.com.tw
香港發行所／城邦（香港）出版集團有限公司
　　　　　香港灣仔駱克道 193 號東超商業中心 1 樓
　　　　　電話：+852-2508-6231　　傳真：+852-2578-9337
　　　　　Email：hkcite@biznetvigator.com
馬新發行所／城邦（馬新）出版集團 Cité (M) Sdn. Bhd.
　　　　　41, Jalan Radin Anum, Bandar Baru Sri Petaling,
　　　　　57000 Kuala Lumpur, Malaysia
　　　　　電話：+603- 9057-8822　　傳真：+603- 9057-6622
　　　　　Email：cite@cite.com.my
印　　刷／韋懋實業有限公司
初　　版／2021 年 05 月
定　　價／300 元
ISBN／978-986-5568-58-0
EISBN／978-986-5568-68-9（EPUB）

城邦讀書花園　布克文化
www.cite.com.tw　WWW.SBOOKER.COM.TW